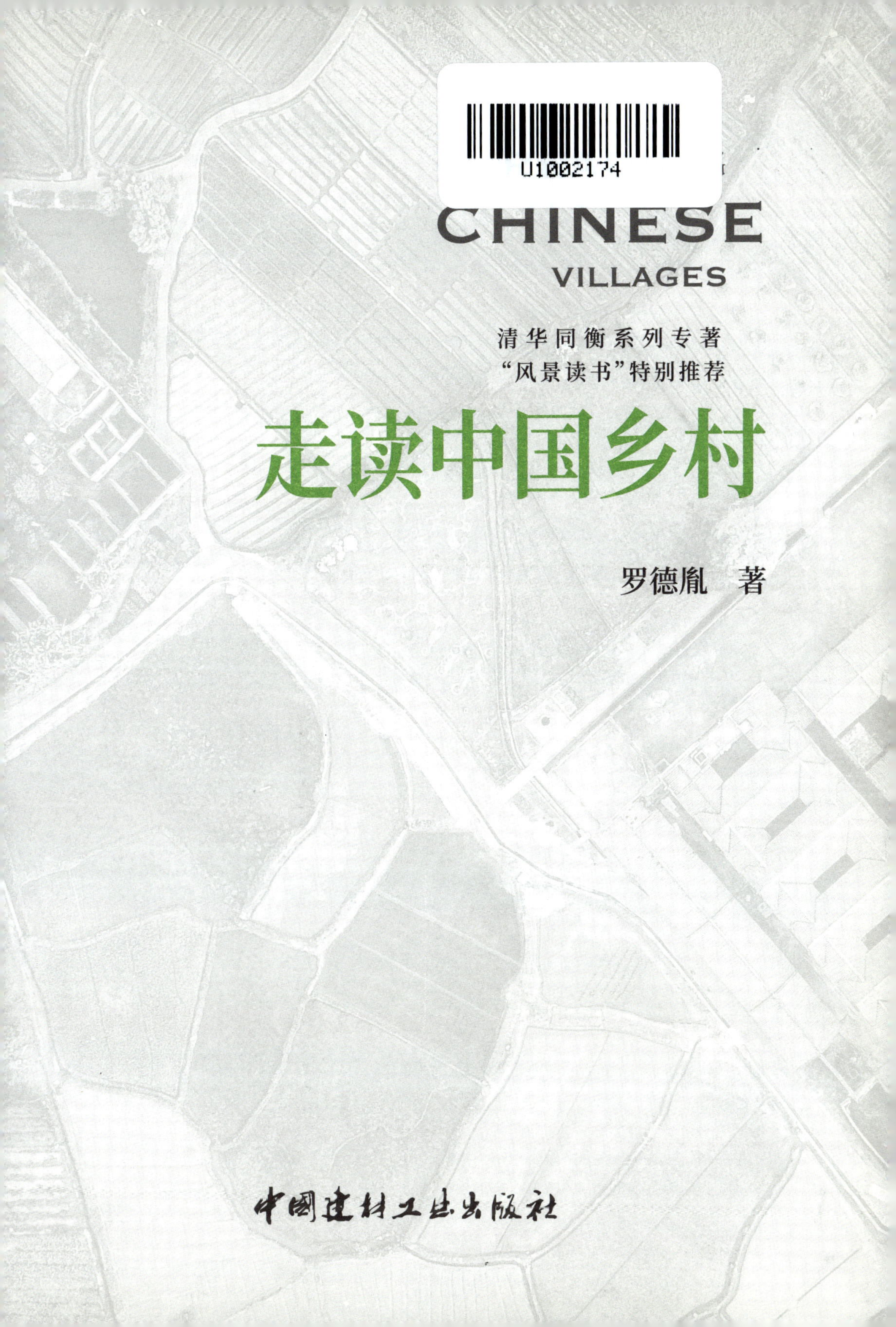

CHINESE
VILLAGES

清华同衡系列专著
“风景读书”特别推荐

走读中国乡村

罗德胤 著

中国建材工业出版社

图书在版编目（CIP）数据

走读中国乡村 / 罗德胤著 . -- 北京：中国建材工业出版社，2019.3

ISBN 978-7-5160-2429-4

Ⅰ . ①走…　Ⅱ . ①罗…　Ⅲ . ①城乡建设－中国－文集
Ⅳ . ① F299.21-53

中国版本图书馆 CIP 数据核字（2018）第 221626 号

走读中国乡村
ZOUDU ZHONGGUO XIANGCUN
罗德胤　著

出版发行：中国建材工业出版社
地　　址：北京市海淀区三里河路 1 号
邮政编码：100044
经　　销：全国各地新华书店
印　　刷：北京中科印刷有限公司
开　　本：710mm×1000mm　1/16
印　　张：18.5
字　　数：252 千字
版　　次：2019 年 3 月第 1 版
印　　次：2019 年 3 月第 1 次
定　　价：128.00 元

本社网址：www.jccbs.com，微信公众号：zgjcgycbs

刘国玉先生题字

上海交通大学海派文化研究所特聘教授、翁山诗书画院院长罗德胤参与的“乡村建设”活动，正是国家政策引导下建设美丽乡村、特色小镇的创业、创新实践，从实践中探索中国乡村“古镇”“古村”继承和发展结合之路。这本书是他这些年工作的记录，以随笔的形式写下文字，配以照片，结集成册，成书《走读中国乡村》，名副其实。

——秦佑国（清华大学建筑学院教授）

罗余留香，一路乡建。岁末年初看到一本阳春白雪与下里巴人之间的《走读中国乡村》。学术与走读结合，传统与现代相随，在生活与行走之间我们看到一个真实而又充满情感的罗老师。我喜欢这种以情代文，学术平民化的文章，信手拈来，让理论与专业回到柴米油盐酱醋茶之中。

——孙君（北京绿十字发起人、总顾问）

罗德胤老弟用脚行走中国，用心解读乡村，努力探索中国乡土建筑保护实践的新道路。

——戴志坚（厦门大学建筑学院教授、中国民居建筑大师）

罗德胤同志和清华团队在村落实践中，表现出杰出的创新力和强大的执行力，他们在探索一条适合于中国国情的村落保护与发展之路。

——刘文奎（中国扶贫基金会秘书长）

大学教授里，学术和乡建都做得风生水起的太少，我看罗德胤算一个。

——夏雨清（借宿创始人 &CEO）

序 一

记得 1999 年罗德胤硕士即将毕业，广东老家已经有亲戚在帮着联系去一家房地产公司工作。一天他到我家，说到：秦老师，我看像您一样当一个学者也很好。我说，你真是这么想的？他说，是的。我说，那你就留下来读博士。

我当时的想法是，罗德胤清华本科毕业设计在乡土组，跟随陈志华和楼庆西两位先生做乡土建筑调查。两位先生 1980 年代开始做乡土建筑调查，成绩斐然、声名卓著。但现在他们已经 70 岁了，田野调查的劳顿辛苦已不合适，乡土建筑组需要年轻人接续。罗德胤倒是一个合适的人选，他对乡土建筑研究很感兴趣，他善于和人打交道，“自来熟”，有亲和力，他喜欢摄影，文字能力也不错。

2000 年他成为我的博士生，论文研究方向是乡村戏台建筑。他到河北蔚县调查，发现蔚县古堡建筑很有特色，回来告诉陈志华先生和我，于是我们一行三人前往蔚县，车出八达岭长城，经怀来土木堡、鸡鸣驿，南下经逐鹿到蔚县。蔚县的堡寨有历史，有特色，保存的也算可以。看了几个典型的堡子，陈先生很是关注村里留存石碑的碑文，还和村民聊天，指着底部因为堆渣土已经剥蚀的影壁说：“这东西很值钱，不要毁坏了。”陈先生很能把握村民的心态，你说保护古建的那些大道理，不起作用。

2004 年罗德胤博士毕业留校，当了建筑学院的教师，开设乡土建筑的课程，继续乡土建筑的研究，到过国内数十个古村古镇，出版了十本书。

近些年，他进入了“乡村建设”的领域，搞得有声有色，显示了他的组织能力和创新精神。这本书是他这些年工作的记录，以随笔的形式写下文字，配以照片，结集成册，成书《走读中国乡村》，名副其实。

罗德胤的乡土建筑调查和乡村建设研究，采用了社会学的思路和方法，结合建筑学的历史、技术、环境和空间分析，对一个个中国各地村镇的社会生活、风俗习惯、文化特质诸方面，进行描述并分析了历时性的承继和变迁与地域性的特征和差异。

在社会学方面，书中涉及了费孝通《江村经济》的英国功能学派（马林诺夫斯基）和林耀华《金翼》的美国均衡学派（哈佛大学）。我 1998 年为博士生开了一门课，叫“科学、艺术与建筑”，开了 10 年。自己讲（少部分），请人讲（大多数），其中有 3 位是多年请讲的“常聘”，一是李学勤先生讲考古学，一是胡兆量先生讲人文地理，再就是李强先生讲社会学。李强先生是 1999 年清华大学恢复重建的社会学系的系主任，他给建筑学院的博士生讲了《社会学研究社会的主要理论视角》《中国“丁字型”的社会结构》《当代中国城市社会结构与阶级结构》。也许确有机缘，陈志华先生 1947 年入清华社会学系，1949 年转系来学建筑，毕业后留在建筑系任教，长期研究和教学的是外国古代建筑史，60 岁后却开始了中国乡土建筑调查，社会学的背景使他在乡土建筑研究中出手不凡，别开生面。

乡土建筑调查应该做经济调查，要有详实的数据，而建筑界做的乡土建筑调查却甚少这方面的数据。因为调查现在生活在古村、古镇中的人难以得到当年村镇的经济数据，只有回忆性的描述。但做“乡村建设”是现在时，还是需要做有详实数据的经济调查。

在民国时期，中国大学做过中国农村经济调查，其中以金陵大学农业经济系为代表。1921—1925 年，该系系主任卜凯（J.L.Buck）组织教师和学生对我国 7 省 17 个地区 2866 个农家的经济状况进行调查，1930 年出版《中国农家经济》（Chinese Farm Economy）；1929 —1933 年再次组织了对 22 个省 168 个地区 38256 个农家的农村调查，1937 年出版《中国土地利用》（Land Utilization in China）。他的妻子赛珍珠襁褓中就来到中国，写下了描写中国农村社会生活的小说《大地》（The Good Earth），1931 年出版，1938 年获诺贝尔文学奖。

中国现有古村、古镇的老建筑，大都是抗战之前的民国和明、清遗存的建筑。金陵大学农业经济系做的中国农村经济调查，其统计资料对于研究中国乡土建筑是很有价值的，可以去“挖掘”。

书中谈到第一次古村大会选址在乌镇开,但乌镇是一个“镇”,不是“村”，就有一个问题，乡村研究、乡村建设是否包括“镇”？过去城里人说起“乡下”是包括镇的，那村与镇有区别吗?

大致的区分，“村”是农业生产，种田。“镇”是商业（产品交易、商品买卖）和手工业（各种作坊)。有些规模较小的集镇，在镇的边缘会有少部分农户。

但在 1958 年户口制度实行后，区分最明确的是：村民是农村户口，镇民是城镇户口。公社化后，村是生产队、生产大队（组织农业生产），镇通常是公社所在地（行政机关、服务单位、商业)。

村民有耕地（集体所有，分田到户后是责任田)，有宅基地，宅基地上的住房自己可以翻盖（有的二三十年翻盖了数次)；镇民城镇户口，住房是私有，但土地是国有，小镇居民少有翻盖自家住房的，何况一些外来事业编制的人员住房还不是自有的。

所以在经济发达地区（沿海平原地区)，现在几乎找不到“传统村落”，都是“新农村”，没有老房子。但“古镇”却不少，保留不少老建筑、大宅院。

1950 年土改前，镇里还住有“大户人家”，自己并不种田，但有数百上千亩的土地在乡下，租给佃农耕种，收取地租。这些“大户人家”土改时被认定为大地主，住房（大院）被没收，其中一些被作为镇里的公共用房（镇公所、学校、粮站、卫生所等）而保存下来，这是后来乡土建筑调查研究的主要对象。

所以，乡土建筑调查研究需要调查住民是城镇户口，还是农村户口，现住房是宅基地上的农户私产，还是公有（国有）土地上的房产，产权属谁。现在搞“乡村建设”，第一位的问题依然是产权问题。

近年来党和政府提出：支持农民工、大学生和退役士兵等返乡创业，鼓励企业、其他社会组织和市民积极参与城镇投资、建设、运营和管理，建设集现代农业、休闲旅游、田园社区为一体的特色小镇和乡村综合发展的“田园综合体”。

罗德胤这些年参与的“乡村建设”活动，正是国家政策引导下建设美丽乡村、特色小镇的创业、创新实践，从实践中探索中国乡村“古镇”“古村”继承和发展结合之路。

我赞赏“村里开大会”这种多方参与、广泛讨论、共同协商的议事方式，我敬佩参与“乡村建设”的才俊们的胆识、才能和品格。

如果要说一点“批评意见”，书中论述和分析乡土建筑的自然因素，地理条件（江河湖海、山地平原、隘口通道等）提到了，却没有把气候因素考虑进去。

秦佑国

2018 年冬至日

序 二

很高兴为罗德胤同志新书作序。

罗德胤同志（“同志”这个称谓我觉得很准确，既代表了值得保护的曾经普遍流行的一种尊称，也说明我和罗德胤长期志同道合）是我的老朋友。他1992年考入清华建筑学院时恰逢我硕士毕业留校教书并兼做学生辅导员，而罗德胤又是中学时既已入党的“老”党员，是大学期间的学生骨干，因此我们过往比较密切，有师生之谊。

罗德胤博士毕业后也留校，分在建筑历史研究所，主要跟随陈志华、楼庆西等老先生从事乡土建筑方面的测绘、调研与教学。而我则在规划系从事历史旧城保护与整治方面的工作。因我工作时间较长、起步较早，当他开始留校时，我在旧城保护方面的国内实践与国际合作已搞得风生水起了。他是我的“小老弟”，性格很合得来，都来自南方，对文史哲地理方面都很有兴致，因此在组织“东中亚历史城市会议”时我经常把他拉上，共同游历了越南、土耳其等很多地方。国内项目也偶尔把他邀上作“顾问”，一方面在旧城传统民居方面他确实是专家，另一方面也是尽我所能给他创造一些能有微薄收入的工作机会，因为乡土调研实在太清贫、太辛苦了。老先生可以安贫乐道，年轻教师还是要吃饭、恋爱的。

从我个人的观察来看，罗德胤迄今的学术活动主要分为两个阶段：一是前期的乡土建筑调研及测绘，二是后期的乡村保护性整治规划设计。

前期他刚留校，主要是协助陈志华、楼庆西、李秋香等前辈老师工作。陈、楼两位先生都曾经直接教过我，我本科时的外国建筑史（十九世纪以前）教材就是陈先生编写的。楼先生曾经做过我院书记，是一位极其平易近人的长者。退职后投身于中国传统建筑的深入研究，取得了很大成就。几位老先生无论在学识还是在人品上都堪称楷模，罗德胤一留校就能跟他们合作应该讲是一种幸运。

老先生们没有简单将罗德胤当壮劳力，而是真正让他放手工作并独当一面。这一阶段，罗德胤可以说是成绩斐然、硕果累累，仅我获赠并仔细阅读过的就有《蔚县古堡》《仙霞古道》《廿八都古镇》等等，个个内容丰富、装帧精美，不仅在本领域，而且在相关行业甚至大众社会都引起很大反响。这些书籍长期占据书店样板书、畅销书行列，影响远播海外。

与宫殿、坛庙等官式建筑相比，乡土民居与聚落在建筑史研究中一直属于小众性的边缘学科。二战前期，梁思成、林徽因、莫宗江等先生筚路蓝缕，深入城乡，对中国古建筑做了大量第一手的测绘并进行了系统性地分析，但他们所选择的案例大多是规模比较大、地位比较高、“水准”比较好的官式和宗教建筑。1949 年以后，华南理工大学的陆元鼎教授、昆明理工大学的蒋高宸教授等对岭南民居、云南民居等做了大量系统性的研究、出版了很多专著。但他们完成的工作与遍布于九百六十万平方公里国土的、浩如烟海的乡土民居相比，不敢说九牛一毛，也可谓挂一漏万。

感谢 AutoCAD、三维扫描等技术手段的发展，现在的乡土民居测绘跟以往相比，可以做到速度更快、质量更精准；交通路网的改善使优秀民居和村落更容易被发现、更容易到达；百度等网络检索工具的产生使相关文化背景的研究也变得更加便捷。因此，在这种背景下，中国很多大学结合学生测绘实习又掀起了新一轮民居调研的高潮，其中清华大学建筑学院乡土组应该讲是国内规模最大、积淀最深、成果最为突出的一个团队。

新一轮乡土建筑的研究跟以往相比不仅规模大，而且意义更加突出，因为它赶上了两个“大时代”。首先它顺应了国际文化遗产概念变迁的大时代。按照过去的观点，只有在历史、科学、艺术等方面有重大价值或与某些重要人物、重要事件有关的建筑或遗址才能被列入文物，而现在一切能代表一个时代典型生产和生活方式的建筑和聚落都应被列入保护对象。其次，它赶上了二十世纪末二十一世纪初的新农村建设“大时代”。新农村建设的目的是通过工业反哺农业、城市反哺农村来达到城乡服务均等化，以实现城乡统筹。常用的手段包括改水、改路、改厕等。但在这个过程中，不少传统民居和村落被当作落后生产生活方式的体现被大规模改造，甚至被迁村并户。因此，在这种“建设性破坏”的时代背景下，新一轮乡土民居测绘不啻为抢救性的资料保存。

测绘工作做完了，精美的书籍出版了，理论上讲“学术”工作就算完成了，但这样的态度是不道德的。学以致用，任何学问从根本上说都是致用之学。抢救性测绘只是万里长征第一步，关键的是后续工作——如何保护？特别是如何利用？法国文物保护的先驱 Violette Le Duc 早就说过“对文物保护最好的办法就是给它找一个合适的用途，好好地利用它”，他嘲笑了书呆子式的保护方法。罗德胤第二阶段的学术活动主要就是在这方面下工夫。

乡土民居不同于宫殿坛庙，它数量极大、分布极广，不可能像过去一样等待各级文物部门下拨经费保护，而必须到市场经济的大潮中自己找出路。现在比较普遍流行的方式是旅游，意大利佛罗伦萨以文化遗产保护为宗旨的 Romuldo Bianco Foundation 基金会的口号就是“Conservation Through Tourism”，这说明大家的想法基本一致。感谢中国经济的快速发展和人们闲暇时间的增多，近些年来乡村度假作为一种新兴旅游方式得到井喷式发展，实际上周庄、乌镇等江南古镇的开发也应属于这一范畴。但这些古镇由于交通过于便利、开发利用强度过大，已普遍呈现过度商业化的问题，人们开始寻访更具乡土气质、更“原汁原味”的乡村观光度假地。

因专业研究，罗德胤同志知悉很多自然环境十分优美、建筑规划极有特色、土特产品琳琅满目的传统村落。但它们也有它们的问题，一方面是名气太小，另一方面是基础设施太差。针对第一个问题，罗德胤发明了一种“会议事件”的模式，即与地方政府合作，邀请专业会议策划公司出面组织，由他利用自己的学术人脉资源，广邀各方面相关专家，到“乡下”去开会，特别是利用微信、微博等新式移动传媒，广泛宣传，一次会议的网络点击量能达到上千万，这样就大大提升了相关传统村落的知名度。针对基础设施欠缺的问题，他发动清华同衡规划院传统村落研究所的团队，进行环境整治规划。但这种规划设计秉持最小干预的原则，以尽可能遵守联合国教科文组织所要求的保护“原真性、完整性”。同时，他极力邀请民宿接待、小吃餐饮、纪念品生产的从业者加盟同往，以营造全方位的接待条件。这方面的实践本书将逐一做深入介绍。

罗德胤同志德才兼备，既勤于学习、善于思考，又以诚待人、能团结同志，相信他在乡土聚落的保护与利用的道路上会越走越广，以实现一位清华学子报效祖国的拳拳之心。祝他成功！

2019 年 1 月

前言

不知不觉，已经在《风景读书》上写了整整一年的专栏。《风景读书》是大地风景公司开设的一个微信公众号，目的是给同行们推荐好书。这是一个纯公益和学术的事业。作为一个企业，能真金白银做学术，而且是持续地做，是相当不容易的。

一年前，大地风景受国家文物局委托，开展了一个研究传统村落文物资源活化利用的课题，我受邀参加了一次课题研讨会。那次会后，《风景读书》的几位编辑专门把我留了下来，希望我可以在她们刚刚筹办起来的公众号上设立专栏，名字就叫“罗德胤专栏”，每周提供一篇稿件。编辑们大概是害怕给我太大的压力，所以给了我比较大的自由度。内容上，可以是选读一本书的 1 ～ 2 页，也可以是去看过某个村落之后的感想，或者干脆是某次会议的发言整理稿。篇幅上，只要读出来是 10 分钟左右就行，短的别少于 5 分钟，长的别超过 20 分钟。

这算是碎片学习的一种方式。碎片学习，是近年兴起的一个现象。有人批评，有人说好。批评者的理由是：这样的学习没有深度。支持者的理由是：现代人的工作太忙，很难有大段的专门时间学习。两派观点，各有道理。从现实趋势来看，似乎是支持碎片学习的一派暂时占了上风。深入学习，一是时间的成本高，二是意志力的成本也高，做起来确实有困难。而碎片学习，尤其是用音频的碎片学习，这两方面的成本都要低多了。上班族在吃早饭、开车、坐地铁甚至等电梯的时候，都可以戴上耳机，给自己的大脑“充电”几分钟。我自己，就是利用这些碎片时间，听了好些之前想读而没能读的书。

我也知道听别人摘过的书，效果必定没有自己钻进书本去认真研读的好，但是，听了总归又比完全没读要好。而且，有的书，明明之前也认真读过，但是花二三十分钟听专业研究者摘出来的内容，竟然在印象上要更深刻，感觉上也更有收获。听书这事，对于那些不想当作专业，但是又想对它有所了解的知识，还是挺有好处的。

所以，依我看，碎片学习和深入学习，可能只是两种并存的学习之道。它们之间，并不是互相竞争的关系，而只是分工不同。专业性的学习要花大段时间，专门而深入，扩展性的学习可以利用碎片时间，灵活而自由。碎片学习的竞争对手，不是深入学习，而是消遣娱乐——对于场景转换之间所产生的无聊，你是愿意用相声和抖音来打发呢，还是愿意学习一点新知识来打发？

赶赶时髦，是我之所以愿意加入《风景读书》的一个原因。我已经碎片式地学习了一两年，现在也要尝试一下，自己制作这样的内容是个什么样的感觉。不过，我在写专栏这件事上还有一个更大的私心，那就是重新捡拾起曾经陪伴我多年的写作工具。

大约在 2001—2011 年的十年间，写作是我工作和生活的主要内容。一开始是为了拿到毕业文凭。读了博士，总得交博士论文。建筑史类的博士论文，十几二十万字总是要的。对于只写过几万字硕士论文的一个年轻人来说，这个挑战还是蛮大的。好在这样的博士论文，有着大致的体例，又依赖大量的调研，所以只要把调研工作做足，再按照体例一步步写，然后按照导师提出的意见修改，基本上就可以完成。

毕业之后，加入了清华大学的乡土组，工作是接着写作。这回变成了乡土建筑的调查报告。幸好，这依然是有榜样可模仿的。清华乡土组大约从 1990 年开始，就专门从事全国各地的乡土建筑研究。陈志华先生开创的研究方法，是以一个典型的乡土聚落，或者一个文化区域内的乡土聚落群作为研究对象，进行整体性的研究。在写作体例上，通常是对聚落的地理历史、聚落构成、公共建筑、住宅建筑等内容，分章节展开论述。按这个体例，我写了有六七年，几乎是以每年一个课题的速度，完成了几部书稿。之所以能做到这一点，很大程度上是因为乡土组在调研方法和写作方法上，都有相对成熟的路径。当然，在这期间，陈先生对我的书稿的修改和打磨，也起了巨大作用，不但对我的整体思维有建构意义，也对我的行文习惯产生了重要影响。

另外不得不提到的一个模仿对象，是陈先生和李秋香老师合著的一本书——出版于2004年的《古镇碛口》。这本书在“中华遗产·乡土建筑”系列著作中，应该是属于知名度不太大的，但是它在整体结构上的完整性和逻辑推进上的严密性，对我产生了长远的影响。可以说，我那几年的书稿写作，以及后来的文章写作，都是有意无意中将《古镇碛口》这本书作为参考标准的。古人的说法：“虽不能至，心向往之。”有个追赶的目标总是件好事，可以让我们有明确的前进方向。

从2012年开始，我的工作重心从调查研究转向了保护实践。保护实践和调查研究有着很大区别。调查研究是一年盯住一个地方，一个人或者一个小团队深入地做。保护实践，虽然也要聚焦，但不是在一个地方，而是每年在几个地方轮流转；虽然也是小团队工作，但不是一个人主笔，而是四五个人分工合作。另外，为了提高保护实践的水平，我们还得经常去看别人做的项目，尤其是有成功之处的项目。这么一来，出差考察和开会讨论就成了我的生活常态。因为出差多，自然是没法集中起大段时间，来完成一部专题书稿了。但是出差多也有好处，那就是随着看到的案例多，听到的想法多，容易产生相互比较，这就导致我自己时不常会有一些小的思考和小的发现。

在过去的几年，我对这些小思考和小发现的处理办法，是每隔三五个月，就把它们添加到上课的课件里，或者写到某篇杂志的约稿里。不管是哪种，写作的强度和频率是大不如前了。

处于这么一种状态的我，在接到《风景读书》的邀约时，就产生了一个想法：是不是有可能利用这每周完成一篇的，并不算太大的压力，让自己把出差期间产生的那些小思考和小发现，更多地整理成文字呢？

有写作经验的人都知道，写作是需要思维上的闪光一现的，但是也离不开强迫或者半强迫的专注。如果我真的能完成每周一篇的任务，最大的受益人无疑是我自己。因为，我的这些不知道有用还是没用的小思考和小发现，就可以通过“必须写出来”的形式，得到更深入的挖掘和更系统的整理。

这么试验了一年，算是坚持了下来。现在，我交上这份卷子，跟读者们集中分享这一年来关于乡村工作上的点滴收获。

既然是结集成书，就得有个书名。编辑们和我一起，想了几个书名，最后还是觉得“走读”这两个字，既符合我边在出差边写作的特点，又嵌入了《风景读书》公众号的一个字，最能反映这些文章的诞生过程，所以书名就定为《走读中国乡村》。

结集成书，也要考虑到书有书的结构，这跟专栏文章走到哪里就写到哪里是不一样的。去掉一些篇幅较短或者信息量较少的文章，我把入选的 32 篇大致分成了四类。第一类是对乡村文化的解读，这些文章算是我在前些年做乡土建筑研究的延续。第二类是对实践案例的分析，这些案例都是最近这几年新出现的，包括我们团队自己做的项目，也包括同行朋友们做的案例。第三类文章，是对“村里开大会”这件事的反思和总结，从 2016 年 4 月到现在，我们已经举办了六次这样的大会，从最初单纯的开会交流，逐渐发展到将会前的规划建设、会中的宣传交流和会后的运营培训都结合进来，成为一个立体而系统的事件。第四类文章，可以说是另一种方式的案例分析。第二类文章的案例分析，侧重于技术和路径，而第四类文章则重点从人的角度来展开。乡村振兴，产业为先。而乡村的产业能不能做起来，关键又是看人，所以我们花了比较多的时间来观察和了解乡村工作中人的因素。

专栏文章，因为是每周一篇，限时推送，有的问题就来不及仔细研究与核对，所以也恳请读者们批评和指正。书中文章，大部分都以“村”为研究对象，但是有时也会讲到镇，甚至县城。本书所说的乡村，并不以严格的行政区划为标准，而是大致意义上的乡村。本书出版之前，经导师秦佑国先生仔细审阅，并就其中若干问题提出了修改建议。看着秦先生用铅笔书写在文稿上的小字，我感觉时光仿佛回到了研究生时代。

最后，要郑重感谢为专栏发布和结集出版做出巨大贡献的几位编辑朋友：《风景读书》的四位编辑——林丽琴、刘原原、吴天颖、邓利杰，正是她们每周定时的编辑发布，鞭策了我按时交稿；中国建材工业出版社的章曲，她的及时反馈和参与讨论是我能坚持下来的重要动力。

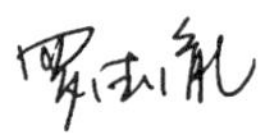

2018 年 10 月 18 日

目录

第一章

乡村有文化

一　围龙屋里的童养媳

2017 年 12 月 15 日

围龙屋和童养媳是一个非常有意思的客家文化话题。按我个人的理解，关于围龙屋这种客家建筑和童养媳这种客家婚俗之间的关联性，书籍或者文章中似乎并不多见，值得好好写一篇论文。其实这个念头在我脑子里也转了好些年，但是一直没能付诸行动。没有行动的原因有两个：一是这个题目超出了我学的建筑学专业，需要跟社会学结合，比较费事，心里也没底；二是这几年，我把主要精力都放在了乡村规划和保护实践上，于是就把理论研究的工作给放下了。

（一）客家人的围龙屋

围龙屋是客家人的一种民居形式（图 1-1-1 ～图 1-1-3）。什么是客家人呢？这个问题要回答清楚也并不容易，有一个简单的解释：岭南，或者说广东，有几类和中原汉族人不太一样的汉族人，分别是广府人、潮汕人和客家人。广府人讲粤语（广州话），潮汕人讲潮州话，客家人讲客家话，相互之间是听不懂的。他们的生活习俗也有比较大的区别，其中就包括住房。大致说来，广府人习惯小家庭生活，客家人习惯大家族生活，潮汕人则介于前两者之间。

围龙屋是广东客家人的一种主要民居形式。如果是学建筑专业的人，对这种建筑一般是有一些了解的。学建筑专业之外的人，如果也不是广东客家人的话，有可能就不甚了解了。围龙屋如果从天上看，总平面像一个

图 1-1-1 兴宁新陂镇围龙屋

图 1-1-2 兴宁新陂镇馨梓围

图 1-1-3 兴宁刁坊镇罗坝老黄屋

椭圆形，由三部分组成，前面有半月形的水塘，后面有半月形的围龙，中间是个方形的天井院落。这个方形的天井院落，又由中间的厅堂和两旁的横屋组成。如果去掉后面的围屋和前面的水塘，这种民居跟浙江、江西常见的大型院落其实挺相似的。

（二）客家人的童养媳

童养媳这个词，有可能很多人听说过，但是现在很难见到了，因为在现代社会里已经没有这种婚姻形式。所谓童养媳,就是在童年就定下了婚事,而且从小到夫家生活，等长大了再成婚的媳妇。我很小的时候，就知道“童养媳”这个词，因为我的奶奶就是童养媳。小时候听大人说话，耳朵里不时就会蹦进这三个字。

不过，在相当长的时间里，我也只是把这件事当作是出现在旧社会，但在新社会已经消失的一个现象而已，并没有太当回事。一直到大约十年前，因为做乡土建筑的研究，阅读到一些有关社会学的书籍，其中关于童养媳的说法：这是一种非正规的婚姻形式，只有在饥荒年代的穷人家庭里容易出现，因为它的成本比较低，对男方家庭来说，是免了交彩礼，对女方家庭来说，是节省了女儿的养育费用；不过，也正是因为没交彩礼，更因为没有经过“明媒正娶”的程序，童养媳在夫家的地位是比较低的，容易不受待见；尽管在旧社会重男轻女的现象确实比较普遍,但是作为娘家人,一来不愿意自家女儿在夫家遭受歧视，二来更不愿意全家被亲戚邻居们瞧不起，所以只要不是在情非得已的时候，一般人家不会选择童养媳。

说到这里，我就想到了我的奶奶。我们家的情况与书里讲的很不一样。第一，当年奶奶和爷爷的家庭并不贫穷，虽然那时世道不算好，但我的曾祖父是黄埔一期的学员，也算是跟孙中山先生干过革命的人。他在国民政府里当官，职位还蛮高，在老家，也就是广东梅州的兴宁县，拥有相当高的地位，家境自然也是不差的，绝不会因为省钱的原因而娶童养媳。第二，在我的印象里，尽管爷爷确实是一家之长，但我的奶奶在家里的地位好像也一直不弱，大事、小事都有相当的话语权，并没有那种“不受待见”的感觉。

揣着这个疑问，我趁着几次回老家探亲的机会，打听了一下关于童养媳的情况。原来，这并不是我们家独有的现象，而是在全县范围之内都相当普遍的现象。据说在1949年之前，大部分的兴宁客家人都养童养媳。我最近常去兴宁旁边的梅县出差，也趁机询问过梅县的朋友，得到的答案也是一样。兴梅地区，童养媳就是一个传统。

（三）围龙屋与童养媳

问题来了，童养媳这种本来应该是特殊时期的特殊人家才有的特殊现象，为什么在兴梅地区反而成了常规现象呢？作为一个学习了建筑专业的人，我就不自主地在建筑方面找线索。兴宁和梅县是客家围龙屋最为集中的地区，这种建筑和童养媳之间是否存在某种联系呢？

有一次我到广州出差，跟朋友们聊天，谈起了广州人的一个习俗：广州人结婚，婆婆最多可以跟新婚夫妇住三天；三天之后，必然分开，坚决不在一起过日子。这个“三天”的说法，是不是完全准确，是不是过于绝对，我没去考证，但是它跟我们日常所观察到的现象是符合的，那就是广州人习惯过小家庭生活。而广府地区的传统民居，最常见的就是“三间两廊”，也就是小型三合院，这种建筑形式也最适合小家庭，人多就住不下了。

这个“三天”的说法，也让我一下子就回想到我们的客家围龙屋和童养媳。围龙屋和“三间两廊”的小型三合院，可以说是完全不同的两种建筑形式，也代表着完全不同的两种生活方式。围龙屋是大家族，“三间两廊”是小家庭。“三间两廊”的房屋分配很简单：正房三间，中间是客厅，两边是住房，一边大人，另一边小孩；作为厢房的“两廊”，是入口和厨房，不住人。

围龙屋的房屋是怎么分配的呢？这可就有点复杂了。根据前面的描述可以知道，在围龙屋里一共有三种住房，分别是厅堂旁边的堂屋、位于两翼的横屋和后面的围屋。这三种房屋的实用性是有差别的，总的说来，堂屋最好用，一是面积大一些，二是采光好一些，最重要的是因为它们靠近厅堂，从而显得地位比较高；横屋要比堂屋低一档，主要反映在地位上，其实实用性上的差别不是很大；围屋是最不好用的，一是面积小，二是形状不是矩形，而是近似梯形，摆进家具总会有用不上的边角。家里人口不多，房屋有富余的时候，围屋是作为杂间使用的，养牛或者放杂物。

假如围龙屋里住着一个长辈和他的三个儿子，房屋将会是这么安排的：长辈自然是住一间堂屋，因为地位最高；而其他的堂屋，就要平均分配给三个儿子；横屋也要平均分配给三个儿子；围屋也要平均分配给三个儿子。这种分配法，就等于把三个儿子的小家庭给“分解”了，因为每个儿子的房间都不会集中在某个局部，而是分散在围龙屋的不同区域(图1-1-4)。所以，在围龙屋里，每个家族成员之间都几乎是高频次见面的，想躲都躲不掉。可以这么说，客家人的围龙屋，从根本上杜绝了小家庭的生活方式。

对媳妇这个在人生中要实现重大空间转换的角色而言，大家族和小家庭的意义是完全不一样的。在小家庭，媳妇嫁进来，只要面对丈夫一个人就行。在大家族，媳妇嫁进来，那就得面对上上下下一大家子：上有公公婆婆(还可能有公公的兄弟及他们的家庭)、中间有若干个叔伯姑嫂和妯娌、下面还有不知道多少个侄儿侄女。可以说，这根本就是两个级别的挑战。我要是女人，也会选小家庭。大家族那么多人，光想想就头疼。

但是，作为一个客家人的媳妇，嫁入大家族就是她们要面对的命运。一代又一代的客家女人，从嫁进围龙屋的那天，就开始修炼在大家族里当好儿媳妇的功夫了。修炼二三十年，一直到自己也当上婆婆。别以为当上婆婆就可以作威作福，其实这也是一把双刃剑，新媳妇要学会适应大家族，

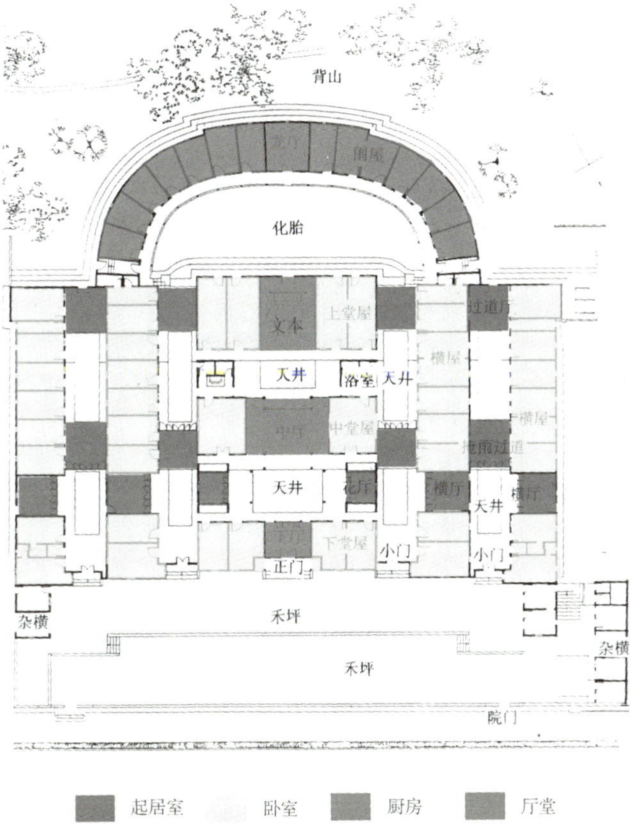

图 1-1-4　围龙屋的典型平面与房屋分配

婆婆也同样要学会适应新媳妇。有没有什么办法，能减少这种摩擦呢？客家人想出的办法就是领养童养媳。围龙屋里的客家女人，在生了儿子之后，马上就着手考虑引进儿媳妇的问题了。引进的方式，通常是购买。这句话现在听着不好听，但这就是旧时的实际情况。儿子几岁甚至一岁大的时候，媳妇就已经进门了。她可以帮着婆婆干活，还可以帮着照看年幼的“丈夫”，实在是家里的一把好帮手。

可以想象，从小就被婆婆带大的儿媳妇，也就是从小就在围龙屋里生活的姑娘，是有比较高的概率跟婆婆继续相处下去的，也是比较能适应大家族生活的。于是，张家买李家的女儿当童养媳，李家买王家的女儿当童养媳，王家又可能买了张家的女儿当童养媳。这法子实在是好用，以至于成了至少是兴宁梅县地区的客家人的主流婚姻模式。

二　客家女人与客侨文化

2017 年 12 月 12 日

客家围龙屋（图 1-2-1）和童养媳的话题特别能验证在建筑界流行的那句名言：我们塑造了建筑，建筑又塑造了我们。同时，从这个话题也可以了解到，当一个客家的女人，真的是不容易，用“伟大”二字来形容，毫不过分。即使是从小在围龙屋里长大的童养媳，也一定需要有足够的忍耐力，才能应付复杂的大家族生活。其实，客家妇女的伟大还不止于此。她们之中的一部分，还有更大的困难要面对，就是当客家人成为华侨的时候。

客家原本很少有华侨，因为他们主要的聚居地是江西的南部、广东的东北部和福建的西部，这三个地方都是山区，距离海边挺远。但是从实际情况看，客家人在海外的分布是相当广泛的，虽然没有广府人和闽南人多，但也是很重要的一支。关于客家人的大规模出海，细说起来又是一个很有趣的故事，这里还是先围绕兴宁、梅县两地的客家来讲述。

客家人有共同的语言，生活在相似的山区环境，也有着类似的生活习惯。不过，由于具体的地理位置和生活条件存在差异，各个县的客家人在生活习俗上也还是有些差别的。兴宁和梅县的客家人大概是最接近的了，但即便是这两个地方的客家人，仔细比较起来，差别也仍然是明显的。

兴宁和梅县这两个地方，国土面积相差不多，都是 2000 多平方公里（兴宁 2100 平方公里，梅县 2480 平方公里）。但是兴宁境内有一个开阔的宁江平原，面积大约是 300 平方公里，这是广东东北部最大的平原。梅县境内虽然也有梅江，梅江的两岸也有一些平地，面积比宁江平原就小多了。只要去过这两个县的人，根据直观印象就不难得出这个结论：宁江的两岸，视野相当开阔；而梅江两岸，几乎看不到宽阔地带。

这种地理上的差别，造成了这两个地方的客家人在产业发展上也走向了不同的道路。在兴宁，由于宁江平原面积大，特别适合农耕，所以农业比较好（图 1-2-2）。农业好的结果是人口多，人口多又造成了外出做小生意的人特别多，以至于出现了“无兴不成市”的说法。这句话的意思是说，广东北部的很多市镇上都有兴宁人在做小生意。这种外出做小生意的人很多的现象，最终形成了一种只有兴宁客家人才有的习俗——元宵节不是正月十五，而从正月初八到十八的某一天。

在梅县，由于山区面积比例大（图 1-2-3），农业生产的条件就不如兴宁。但是梅县的梅江南下入韩江，在汕头出海。潮汕地区，自古以来就有出海到东南亚各国经商的传统。19 世纪后半叶，随着五口通商，潮汕人的出海之风更盛。梅江流域的客家人，也跟随其后，一批一批地去往东南亚，成为华侨。

东南亚的华侨主要来自广东和福建，以及海南。这些华侨有着相似的人生规划，或者说人生轨迹。如果是出生在国内家乡，那就在家乡上完小学；如果是出生在国外，那就在长到六七岁的时候由长辈带回国内老家“读唐书”，也就是上小学。当然，这两类人都是男生。如果是女生，可能养在家里，同时也有相当大的概率早早被安排到别人家里当童养媳。女生也可能会在学堂里读几年书，不过这要看家里的经济状况和对教育的重视程度了。我的奶奶是童养媳，但是上过几年小学，能读书写信，比很多同龄的客家妇女强，这是让她自豪了一辈子的事。

客家少年在十一二岁，也就是小学毕业的时候，将跟随长辈或兄长，在梅县的松口镇下梅江，从汕头出国，投靠已经在东南亚立足的亲戚。在那里，他们一般会从学徒开始做起，打拼积累几十年，其中不少会成为小有资产的生意人，少数的则有机会成为商界精英。等到五六十岁，他们中的很多人会退休，回到家乡养老。

在国外打拼的几十年里，他们每过几年会回国探亲一次。其中最重要

图 1-2-1　兴宁叶塘镇河西村
磐安围龙屋

图 1-2-2　兴宁刁坊镇廖屋

图 1-2-3　梅县侨乡村鸟瞰
（图片由梅县南山镇政府提供）

的一次探亲，是在二十岁左右。这次探亲假期比较长，有五十天，因为要完成一项重要的任务——娶亲。有的是小时候就已经定下的童养媳，也有的是现找的媳妇。为什么不全是童养媳，还有现找的媳妇呢？一是因为，并不是所有人家的所有女儿都被送去当童养媳；二是因为，有的童养媳“没养好”，跟养母关系不够融洽，那就还是嫁给别人家的好。不管怎样，等五十天的假期一结束，新郎官就要丢下新娘，回到东南亚，继续那里的事业。新娘要想再次见到丈夫，就得是几年之后了。

回到东南亚的客家男人，如果经济实力比较好，会再娶一个媳妇，组成一个新的家庭。简单计算一下就知道，肯定是东南亚的这个媳妇跟丈夫生活的时间，比老家的那个要长得多。所以，在东南亚出生的子女也就会更多。传统时代的华侨，大多数保持了多子多福的农业社会观念。于是，常见的情况是这样的：一个华侨男人，在国外有七八个儿女，而因为老家却只有一个，甚至没有。

出国打拼的男人，把留在家乡的妻子（童养媳）用来伺候父母，维持“家庭”。留在老家的那个媳妇，因为跟丈夫生活的时间很短，没生育的概率是比较高的。这样的生活自然是相当的凄惨，可以说接近于守活寡。而在这种情况下，领养一个孩子也就成为正常的需求。由于传宗接代的传统观念，男孩一般是不舍得送人或者卖出的，所以领养到男孩的可能性，要远低于领养到女孩。这实际上又进一步强化了童养媳的现象。

那些回老家养老的客家男人，因为有着不错的经济实力，对家乡的经济建设也经常能起到很好的作用。在梅县南口镇的侨乡村，有几十座建造质量很好的围龙屋，大部分就是那些在东南亚经商有成的客家华侨所建。客家华侨用这种在老家和国外各安一个家的方式，保证了出洋的每一代客家人，都依然对家乡保持有足够的黏性，这对于海内外的中国人保持足够强的文化认同极为关键。在这其中，客家妇女做出了极大的贡献，也做出了极大的牺牲。

三　在围龙屋里“赏丁”

2017年12月29日

除了童养媳，围龙屋里还有另一个同样有意思的客家文化现象——兴宁人的赏丁。

（一）所谓“赏丁”

赏丁，是很多地方的客家人都有的习俗，但是兴宁人的赏丁最特殊。所谓“赏丁”，就是“赏灯”的谐音。客家话里的“丁”“灯”同音。丁，就是男丁的意思。赏丁，就是在祠堂里挂起灯笼，庆祝家里有男孩出生。兴宁人的赏丁习俗，是在每年的正月初八到十九举行，其隆重程度甚至超过除夕和正月初一。花灯要由专业艺人手工制作（图1-3-1、图1-3-2），不同地区会有不同的类型，如六角花灯、走马灯、观音灯、宝盖灯等。

赏灯主要由族内的灯会理事负责主持，各项活动支出则由当年有新丁的家庭分摊。赏灯的第一道程序是请花灯，即上街买花灯。请回的花灯，由族中两位未婚的青壮年男子抬回祖屋。同时，族人组成花灯护送队，沿路大放鞭炮，并有锣鼓队、舞龙灯队、舞狮队一路相随。花灯队伍经过的人家，屋主也要燃放鞭炮，一同沾沾喜气。花灯接回祖屋的祖公厅，族人悉数到场，举行“升灯”仪式（图1-3-3～图1-3-5）。花灯在升灯时，要鞭炮齐鸣，龙灯狮子队一直绕花灯舞动。挂好花灯后，也要在祖屋门前晒坪处举行舞龙、舞狮的表演。晚上，在祖屋办酒席，有的围屋还会请民间艺人和剧团进行表演。每家要派男丁参加，并有赏灯、猜灯谜、烧烟火、放孔明灯等活动。族人众多的大围屋，几百盏孔明灯同时升空，场面蔚为壮观。

图 1-3-1　艺人在扎花灯骨架

图 1-3-2　花灯

图 1-3-3　将花灯挂在大梁上，意为“上丁”

图 1-3-4　焚香祭祀

图 1-3-5　在祖厅里摆宴

（二）兴宁围龙屋

几年前，我受中国民间文艺家协会之邀，作为专家组成员对兴宁市申请“中国围龙屋之乡”和“中国花灯之乡”进行了实地考察。根据 2009 年兴宁市政府组织的摸底调查，兴宁境内有传统民居近 4000 座，其中围龙屋 2400 多座。我们当然是不可能对这些围龙屋逐一核实的，但是从申请材料提供的详细清单和考察途中随处所见的一栋栋围龙屋来看，我们宁愿相信这一调查数据的真实性。

两千多座围龙屋是什么概念呢？做一个粗略的估算：假设一个围龙屋，平均能住 100 人，那总数就是 20 多万人。兴宁市现在的人口有 110 多万，在 20 世纪 40 年代时只有三四十万。也就是说，从人口数量来推测，可以得出这么一个结论：1949 年以前建造的围龙屋大部分都留存至今。

为什么兴宁会有这么多的围龙屋保留了下来？这是一个让专家们感到有意思甚至觉得有些困惑的现象。在城镇化浪潮如火如荼、全国各地的文化遗产纷纷被夷平的大背景下，这不能不说是一个奇迹。为了回答这个问题，还要从兴宁的地理位置说起（图 1-3-6）。兴宁境内有宁江河穿过，形成了一个盆地。这是广东省东北部面积最大的盆地，地形平整，气候适宜，农业条件十分优越。因此，兴宁的农业开发非常早，也比较发达。另外，兴宁地处客家腹地，社会一直安定，少有战争侵扰。这一优势是其他客家地区所没有的：客家南部如惠州、深圳，与广府人、潮州人犬牙交错；东部如福建龙岩，与闽南人纠缠；西部如韶关，也与广府人杂处；北部如赣州，则与汉族的主流相邻。可以说，兴宁是客家聚居地里少有的宜居、利于繁衍的福地。

图 1-3-6　刁坊镇公路 225 沿线围龙屋线

（三）围龙屋与“赏丁”

因为农业条件和社会治安比较好，兴宁这个宜居之地可能早在明中叶就已经达到田地所能承载的人口上限。多余的人口面临就业的压力，而农作物生长的季节性，使得农业出现了农忙和农闲的季节变化，这又使得农闲时的就业问题更为突出。为了解决就业的问题，不少兴宁人开始做起了生意。兴宁地处粤东北，毗邻赣东南、闽西南，交通便利，是该地域与广州、潮汕等沿海地区经济往来的门户。南方沿海也以兴宁为中转站，与粤赣闽边境发展贸易往来。根据县志记载，明末清初时期，兴宁县城已经成为一个大盐埠，年转销潮盐（潮州运来的盐）达六七百万斤；五口通商后，销往粤赣闽三省交界地带的舶来品，大多通过兴宁转销，而这一地区的粮食山货等农畜产品，也是经兴宁转销沿海。

由此，兴宁人就到周边地区做买卖，小商贩日益增多。在广东东江、西江、北江、韩江一带的市镇，甚至赣粤湖湘各省的僻远圩场，也不乏兴宁贾人的踪迹。“无兴不成市”之说，确非虚言。不过，兴宁人从事的都是相当初级的商业，规模大都很小。有人形容兴宁人是“一条裤带一担货笼，走遍天下”。很多人在十二三岁的年纪，就捧着篾制的小箩盖，盛着针线、头绳棉纱、笔墨纸簿等，去各地圩场贩卖；或者用自制的麦芽糖，换取农家零散的鸡毛，收集起来再转卖给做鸡毛掸子的。他们就是依靠这些不起眼的小生意，养活了一家老小。

做生意的人越来越多，就逐渐形成了鼓励外出谋生的观念。那些老死乡间、不敢外出谋生的人，常被人讥笑为“守灶公角”或“臭牛骚”（驾牛耕地）。清末《兴宁乡土志》记载，全县“户约二万四千五百有奇”，其中从事农业的 10 万余人，织布等手工业者 5 万余，经商贩运者 4 万余。而 1946 年县政府人口调查，兴宁常住人口 38 万多人，其中靠内外经商或从事小商小贩为生的有十多万人，占比超过四分之一。

春节是中国人尤其是汉族人最重视的节日，过春节时，通常是亲戚们轮流到各家过。除夕、初一是自家团圆，初二之后就要走亲访友。在很多地方，哪天到哪个亲戚家都有固定的安排。到元宵节这个“终点”，又是自家人一起过了。而兴宁的生意人，过年过节正是做小生意最忙碌的时候。他们都不舍得放过这个赚钱的黄金时间，要忙到正月初五之后才会启程返乡。因为除夕到初五那几天是在外面过的，这个春节就等于没过，得补！怎么补呢？用元宵节来补。于是，兴宁的赏灯是分散在正月初八到十九的十天里的（图 1-3-7）。每个围龙屋是一个赏灯的小群体，“老屋家”的赏灯时间必定在“新屋家”之后，所有新屋家的住户也有资格参加老屋家的赏灯活动。也就是说，兴宁的元宵节与春节被“合并”而且拉长了。这是一种特殊的春节和元宵节。

围龙屋的祖厅一般多为三至五进、面宽三间的布局，用于祭祖、红白事摆酒等。这是围屋的核心和精神中心，也是主要的公共空间。时至今日，随着生活水平的提高，客家人逐渐搬出围屋搬上楼房，一些公共功能也有了替代的场所。比如结婚可以选择在高级酒楼，白事也可以选择自家的客厅或殡仪馆。唯有赏灯仪式，必须在祖厅里举行，没有其他场所能替代。

图 1-3-7　兴宁宁中镇李和美屋赏丁（图片由兴宁县政府提供）

我个人认为，兴宁的围龙屋之所以有那么多能保留下来，和“赏丁”活动在空间上的不可替代性有很大的关系。兴宁有很多人定居在外地甚至国外。这些人生了儿子之后，不管多远，也多半要按惯例回老家去赏一次灯，才算完成了人生的一项重要任务。比如我自己，出生在海南岛，但祖籍是兴宁，年幼时因为经济条件的缘故，长辈们有探亲钱，而无摆酒钱，只好一次次地将赏灯的任务拖后，以至于老家的亲戚们总是问我们家几时可以“赏老灯”。可见，“赏丁”不但是一种日常的问候用语，也成为兴宁人的文化认同符号。

四　走进清徐架火节

2018 年 3 月 2 日

元宵节对中华民族而言是一个特别重要的节日，重要性大概仅次于半个月前的春节。其实从广义来说，元宵节也属于“大春节”的一部分，除夕算是这个“大春节”的头，元宵节相当于“大春节”的尾。元宵节一过，这场一年一度的全民狂欢就算是正式结束了，之后大伙就要各归各位，恢复正常的工作节奏。

元宵节既然那么重要，怎么过就得有讲究。关于元宵节的过法，各地的习俗不尽相同。我的老家——广东兴宁有“赏丁”习俗，山西省太原市附近的清徐县也形成了一个特殊的习俗——“架火”。为什么叫“架火”呢？这里有一个说起来有些复杂的故事。

清徐，古称清源，是一座历史悠久的古城，北距太原约 35 公里(图 1-4-1)。它是旧时清源县的县城，也是清徐县现在的县城。现在的清徐县是由以前的清源与徐沟两个县合并而成的。我之所以对清源古城感兴趣，是因为那里是山西的“醋都”，不管是在历史上还是现在。既然是“醋都”，就应该有不少的醋坊。这些醋坊有多少留到了现在？他们在建筑上是否有不同于其他工商业建筑的特色？它们又是如何分布的？是不是对清源的城市格局产生了影响……怀揣着这些疑问，我们来到了清源。

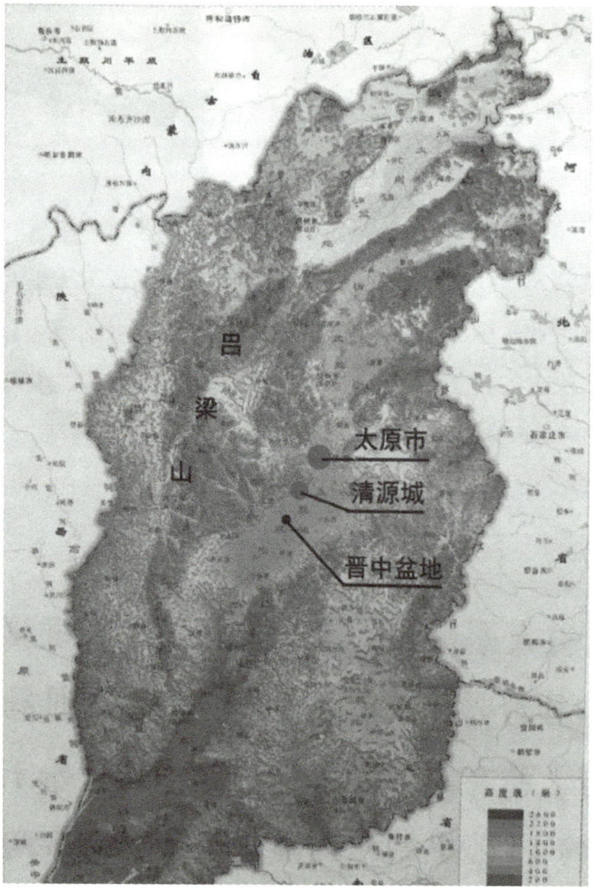

图 1-4-1　清源城地理位置图

清源“醋都”确实有很多醋坊，其中有不少还留到了现在，而且在建筑上也很有特色。我相信撰写一篇关于制醋业与乡土建筑的论文，一定是很有趣的，也一定是有价值的。不过有过乡村调查经验的人都知道，调查者经常面临的问题，或者说困难是被采访者往往答非所问。这种“跑题”的现象有时候真的让人干着急。我们在调查清源的醋坊时就不出意料地遇到了这种情况。对付“跑题”的办法，最好的并不是立刻把采访人“拽回”事先设好的主题（因为这样做很可能会让谈话中断，而且无法继续），而是顺其自然，让他畅所欲言之后再设法引导回来。彻底“跑题”，倒不一定是坏事，反而可能是乡土建筑调查最有魅力的地方，因为很多有价值的信息就是这样不经意间出人意料地“冒”出来。调查清源醋坊，我们就得到了几个大大的意外收获：

第一个意外收获，是了解到清源城居然和我们之前做过调查的张家口堡子里有着某种程度的密切关系。清源不在晋商发达的晋中地区，但距离不算远，历史上清源也出了不少晋商。晋商向北方发展，有“走西口”“走东口”和“闯关东”三条路线，其中“走东口”就是指过张家口。张家口与包括清源在内的很多山西县市，有着休戚与共的命运。雍正五年也就是公元 1727 年，清廷与俄国开通边境贸易，并将张家口列为出入蒙地经商贸易的孔道之一；清源城的商业便是在此后的乾隆朝步入了兴盛期。20 世纪初西伯利亚铁路和海参崴港建成之后，经张家口的中俄贸易锐减，清源城的商业也在此后不久走向了衰落。

第二个意外收获，是发现清源城除了醋坊之外（图 1-4-2），还保留有数量不少、种类多样，而且形制独特的工商业类建筑，比如粮行（图 1-4-3）、当铺、驴驴店、骆驼店等。其中粮行大多集中在察院街和牌楼街，形成一条专门的“粮店街”。这几种特殊的建筑，都是我们在以往的乡土建筑调查中较少遇到的。

图 1-4-2　聚庆诚醋坊

图 1-4-3　义源泰粮行

第三个意外收获，是通过对清源城白石沟、盐碱地、葡萄业、蔬菜业和城内的东湖、土盐业、火炮业与架火民俗活动的关联分析，我们对洪水在清源城市格局和城市产业中的深刻影响有了全新的认识。清源城东临汾河，西冲白石水，旧时的清源城几乎年年都难免洪涝之害（图1-4-4 ~图 1-4-6)。俗语对清源洪水是这样描述的："淹西关，带北关，城里头灌了个湖滩滩。"为了防洪，也为了军事防御，清源人很早就修建起了环绕全城的城墙（图 1-4-7)。毫无疑问，城墙在抵御洪水、保护百姓生命与财产安全上的作用是显著的，不过它同时也在提高着洪水入城的可能性。这是因为雨季从西面吕梁山冲出来的白石河河水，携带着大量泥沙，白石河年年涨水，泥沙年年淤积在清源城外，久而久之，清源城外，尤其是西、北两面的地平就比城内高出好几米，使城内变成一块有城墙围绕的洼地；在白石河泛滥期间，一旦有城墙或城门破损，这块洼地就成为洪水汇聚之处。

防洪、修城墙、城内外地面产生高差，这些是在中国相当多城市都会出现的共同现象，算不得稀奇。清源城的特殊之处，在于它和洪水之间的故事有着更为纵深的发展。

（一）洪水泛滥改善了农田的土壤

清源城附近以城池为界，形成了东面种粮食、北西南三面种蔬菜的农业生产格局。东面种粮食是因为汾河的缘故，汾河是黄河的第二大支流。和华北地区的很多其他河流一样，它具有平时水浅而雨季暴涨暴落的特点。暴涨时的汾河，容易形成水灾，还曾多次改道。这种桀骜不驯的性格，确实给汾河两岸的居民带来了不小的麻烦。但也正是由于其暴涨暴落与频繁改造，才大大扩展了汾河的泛滥区，从而造就了山西省内最富饶的一片土地——汾河湾。泛滥区的土地，由于洪水携带泥沙的覆盖而成为适宜种粮的沃土。那些没有经过洪水泛滥的地方，则大多仍是贫瘠的盐碱地。

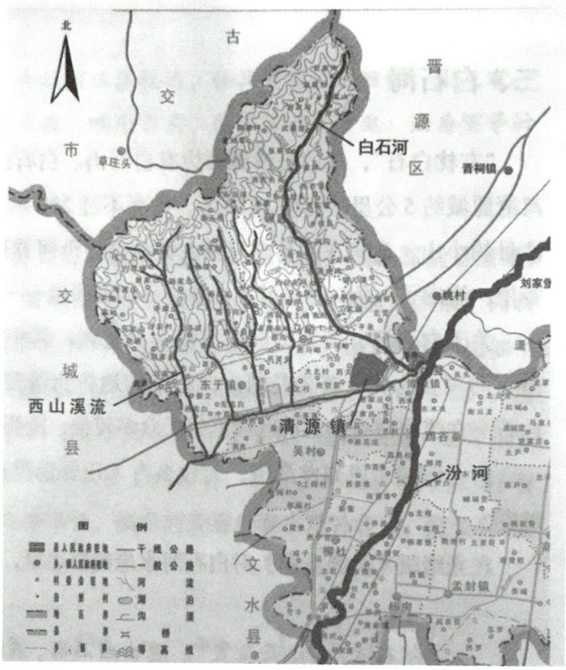

图 1-4-4
原清源镇地理位置图

图 1-4-5
《清源乡志》卷二《八景》之白石云松（图中有白石河，河边有白龙庙。在河的出水口建庙，有“镇压”洪水的愿望）

图 1-4-6　白龙庙

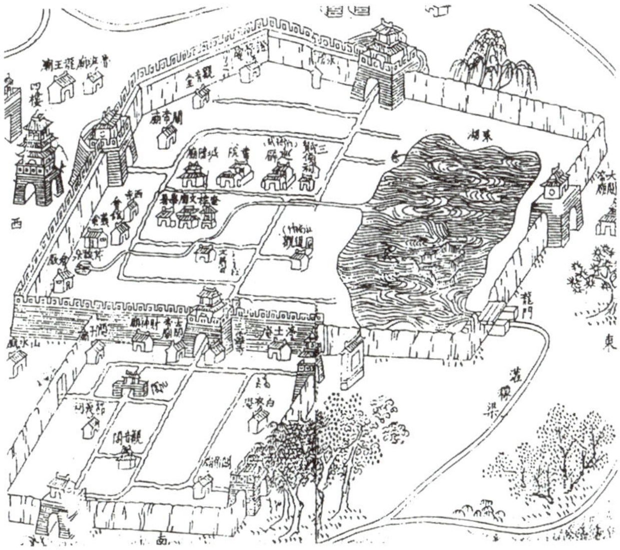

图 1-4-7　城墙：砖墙与土墙（清代县志里的城关图）

清源城北、西、南三面种蔬菜是因为白石河的洪水。这里的土地，原本也是山西最常见的盐碱地，根本不适合粮食和蔬菜生长。然而，白石河带来的一层层淤泥，却将其改造成适合蔬菜种植的良田。20世纪50年代之前，种菜是清源城内及其附近村庄，几乎每户人家都要从事的劳动。

（二）粮店街与菜市坡

因为城东粮食和城北、西、南三面的蔬菜都不只是供自家人吃，而是大量用于销售。于是清源城出现了一条专门做粮食交易的粮店街和一个专门做蔬菜交易的菜市场。粮店街即察院街和牌楼街，街上最多是有几十家粮行，民国时期的兵站粮库也设在这里。菜市场即南关西门的菜市坡，是旧时晋中一带最大的菜市场，除供应清源本地外，还远销太原、太谷、榆次、祁县、平遥等市县。

（三）西山的葡萄业

清源城西的吕梁山麓诞生了一个规模不小的葡萄产业，有几十个历史上就以栽种葡萄为生的村庄。吕梁山的山坡和山脚原本就具有适合葡萄生长的土壤和气候条件，不过，这里500毫米左右的年降雨量，对葡萄种植来说还不够理想。幸好在山脚和中低山区有比较丰富的地下水源，弥补了这一缺陷，使得葡萄产业的发展壮大成为可能。

这些地下水资源和白石河为主的多条山间溪流有着密切关系。山间溪流，也具有平时水浅而雨季暴涨的特点，暴涨的溪水渗入地下，又在地势较低或者压力较大之处形成泉水，最终成为灌溉葡萄的水源。

（四）东湖

明代末年，清源城内出现了一个占地500余亩，广居邑城之半的大湖。

大湖在城东、故名“东湖”。东湖的形成，是拜城内的高差所赐——由于城外地面大大高于城内，而白石河仍年年往清源城附近的地下注水，这导致清源城内的地下水位抬高至接近地面，并有泉水在城内出现；持续供应的泉水，和雨季时无法排出城外的雨水，全都汇聚在地势相对较低的城内东部，最终形成了东湖（图 1-4-8）。

东湖的出现大大改变了清源城的城市格局和景观面貌。在华北地区，因为气候偏干旱而蒸发量又比较大的缘故，大型湖泊是很少出现在城市之中的，清源城却“违反”了这一惯例。因为罕见，也因为景观作用显著，东湖在形成之后，不久便跻身“清源八景”之列，成为清源城最具标志性的元素。

清源城的地下水位较高，也是这里醋业兴盛的一个重要原因。制醋要大量用水，而新源城内打井容易，所以醋坊在自家院内都挖有水井，随时可汲水。

（五）土盐、火硝与爆竹

两个新行业的诞生，就是熬盐和制作火药。山西多盐碱地，清源更是“土性泻卤”。在盐碱地里存在着一种季节性的“脱盐”和“返盐”现象，这会使地势低的地方盐碱度进一步提高。在清源，由于白石河洪水的缘故，城

图 1-4-8　东湖

外表层土的盐分不断地向城内转移，这使得城内表层土的盐碱度越来越高，并最终可以用来成规模地熬制土盐。于是，清源城里就出现了一批靠熬盐谋生的人——熬盐户，熬盐户工作的场地和作坊被称为“土盐坊”。

盐分高的盐碱土还有利于得到另外一种副产品——火硝。火硝是制作烟花爆竹和炸药的重要原料，由于火硝的价格大大高于土盐，有一些土盐坊便转而以熬制火硝为主。火硝的产量之大，又使得清源的火药业也成为一个规模不小的行业。南关永定街的“阁儿”一带，就是传统的火药生产集中地。和熬盐户不同，制作火药的匠人并没有专门的作坊或店铺，他们主要是在自家的院子里工作。

清源的火药产品有三种：炸药、火枪药和烟花爆竹，前两种产量都不大，烟花爆竹才是清源火药业的主产品。清源的烟花爆竹一度远销至晋北和黄河两岸。

（六）架火

在火药业的带动下，清源人创造了一个富有特色的节日活动——正月十六“架火”。正月十五元宵节全国各地“闹红火”，清源也不例外，对清源城的火药匠人来说，这一天却是个关口，因为元宵节一过，几乎一整年的时间里，再也没有什么重要节日让人们集中燃放烟花爆竹了。而火药是很难熬过潮湿的夏天的，一旦受潮就会失灵。所以元宵节之前没卖出去的烟花爆竹，一定要尽快想办法处理掉。既然留不住，何不来个痛快？清源的火药匠们索性联合起来，在正月十六的晚上一起燃放火炮（图 1-4-9）。

由于“架火”的存在，正月十六已经成为比正月十五更加重要的一个节日。清源人也从这项特殊的节庆活动中得到了极大的文化认同。在其他地方都已经偃旗息鼓的时候，清源人却仍然等待着一个新的高潮，这该是多么让人自豪的一件事。

图 1-4-9　架火：正月十六的活动
（摄影：郭会生）

图 1-4-10　2010 年政府组织的“架火”
（摄影：郭会生）

这些年由于政府的安全管制措施齐全，清源城已经不再生产火药了，但是“架火”的习俗一直保留了下来，为了庆祝这个“火药节”，清源人竟然不辞辛苦，远赴千里之外的湖南浏阳，从那里买回大批的烟花和爆竹，在家乡的街头路边燃放（图 1-4-10）。

清源城从洪水到火药的故事，历经地理、经济和文化三个阶段，形成一个连贯而有机的链条。这个故事再次提醒我们，建筑和它所处的自然环境和文化环境都有着极为密切的关系。在研究建筑现象时，如果能把视野拓宽一点，把思维放广一点，就可能有不一样的收获。

五　九个关键词，读懂侨乡村

2018 年 4 月 13 日

三天之后，乡村复兴论坛第五次“在村里开大会”活动就要在广东梅县的侨乡村和松口镇举行了。作为论坛主席，我觉得有必要介绍一下这两个地方。

松口镇是当年的大码头，客家华侨出洋经商，都要由此下梅江河，进到韩江，再从汕头出海。这是一个历史信息极为丰富的古镇，也已经被评为中国历史文化名镇（图 1-5-1、图 1-5-2）。不过，此次我要重点说的还是侨乡村，原因是我本人对侨乡村有特殊感情。在 22 年前，我还是一个建筑学专业五年级毕业班学生的时候，就来到了侨乡村，在这里进行了为期半个月的建筑测绘和调研。可以说，梅县侨乡村是奠定了我的职业生涯方向的地方。

侨乡村是个什么样的村子呢？首先，它是一个华侨很多的村落，这一点从村名就能看出来。其次，它是一个梅县的客家村。梅县的客家民居，以围龙屋为典型，侨乡村也不例外，所以村里有很多的围龙屋（图 1-5-3）。

华侨和客家这两个因素，在侨乡村有很深的互动作用，其结果是产生了形式丰富的客家围龙屋，以及围龙屋的变体。我们暂且将这些围龙屋及它们的变体，统称为围屋。在这里，我选择了代表不同类型的九个围屋，并且给每个围屋找了一个关键词，来快速解读侨乡村的建筑演变轨迹。

图 1-5-1　松口镇沿河风貌（摄影：蔡志勇）

图 1-5-2　松口古镇（摄影：蔡志勇）

图 1-5-3　侨乡村围龙屋——德馨堂

（一）秋官第：大

第一个围屋是秋官第（图 1-5-4），也称老祖屋，它的关键词是大。按族谱记载，老祖屋的创始人是潘永发，后世尊称为永发公。实际的创始人则是永发公的两个儿子潘积河和潘广河。他们兄弟俩带着寡母，于明弘治年间来到侨乡村这个地方。按客家人尊重长辈的传统，兄弟俩把父亲奉为本家族的开基祖。从潘积河和潘广河开始，潘姓人一直秉承了客家人聚族而居的传统，连续十代人都在做接力跑，按照传统围龙屋的大致规划，一点一点地建设老祖屋秋官第。这些接力跑的工作，主要是体现在两侧横屋、后面围屋的延长和增加。潘姓人丁兴旺，所以经过十代人之后，扩展出三层，一共是六横三围。这就形成了占地面积大约一万平方米的超大型围龙屋。用小型无人机升空俯瞰老祖屋，确实是蔚为壮观。

（二）上新屋：小型

第二个围龙屋是上新屋（图 1-5-5），关键词是小型。老祖屋大是大，但建造质量是比较粗糙的，一切以省钱实用为目的。这也可以理解，毕竟是纯农业社会，能维持生存就不错。假如侨乡村一直保持这种比较贫穷的状态，再延续上两百年，会不会变成一个比现有规模大一倍，也就是六层围屋、十几排横屋的围龙屋呢？我想答案应该是不会。原因在于，当老祖屋发展到六横三围的时候，侨乡村的耕地能养活的人口，也差不多到极限了。除非是出现新的增长因素，侨乡村的人口不可能再有明显增加。这时候多生出来的人，必须向他们的祖先潘积河、潘广河学习，到其他地方寻找新的生存空间。这个新的增长因素，还真就在第十二世的时候出现了，那就是经商。潘钦学是侨乡村第一个依靠经商而得到发展的人，他建造的围龙屋，是小型围龙屋的代表，只有上、中、下三堂，左、右横屋和一层围屋。从选址和其自身的完整性看，潘钦学在建造上新屋的时候就没打算让后世不

图 1-5-4　老祖屋
（图片由梅县南口镇政府提供）

图 1-5-5　上新屋 (摄影：邓长河)

图 1-5-6　德馨堂
（图片由梅县南口镇政府提供）

断扩建，而是只为他自己一家子考虑。我个人理解，这反映了商人和纯务农者的观念差别。

（三）德馨堂：优美

第三个围屋是德馨堂（图 1-5-6），关键词是优美。德馨堂的建造者是潘立斋。潘立斋是潘钦学的孙子，出生于 1854 年，去世于 1926 年，他是侨乡村第一个在东南亚经商获得大成就的人。德馨堂始建于 1905 年，完工于 1917 年。此时的潘立斋，已经是家大业大，子女众多。为了满足这一大家子的居住，潘立斋需要一个够大的围龙屋，所以就将其建成了四横双围的形制。德馨堂的左侧是一排杂房横屋，右侧是一个用来圈养牲畜的小院子。由此也可以判断，德馨堂这个事先规划、一次建成的围龙屋，也并没有留给后代继续扩展的打算。由于有强大的经济实力保障，德馨堂的建造质量是相当高的。它可以说是整个侨乡村里形态最优美的建筑。从正面中间是水平伸展的五开间堂屋，两侧各有两个尖起的山墙。后面沿山脚爬起来的双层围屋，则有着极为柔美的屋顶曲线。这种水平线、弧线和尖角的配置，可以说是恰到好处的。

（四）南华又庐：八房

第四个围屋南华又庐（图 1-5-7），关键词是八房。南华又庐的建造者是潘祥初，他出生于 1851 年，去世于 1911 年，是潘立斋的堂侄兼合伙人。潘祥初在东南亚经商的成就，可能比潘立斋还大。他在家乡建了两座围屋。第一座是南华庐，是一座典型的围龙屋。第二座是南华又庐，这就不属于典型的围龙屋了，而是更多地加入了潮汕地区的建筑元素。南华又庐由左、中、右三部分组成，中间是面宽九间的上、中、下三堂，两侧不是横屋了，而是各有四个标准的三合院，前后相连。中间这部分，是潘祥初自己住的。

图 1-5-7 南华又庐（图片由梅县南口镇政府提供）

图 1-5-8 东华庐（图片由梅县南口镇政府提供）

两侧八个三合院，是给他的八个儿子住的，一人一个。南华又庐的八房设置，兼顾了大家族聚居和小家庭生活，在生活的舒适性上是大大优于普通围龙屋的。南华又庐始建于1904年，和德馨堂差不多同期。它已经表现出明显的外来元素，尽管这种外来元素仍然是传统的，而不是西洋的。

（五）东华庐：柱廊

第五个围屋是东华庐（图1-5-8），关键词是柱廊。东华庐建于1919年，这时候已经是民国八年了。东华庐的建造者是潘植我，出生于1885年，去世于1953年，比潘祥初晚了一辈。潘植我是在日本经商发家的，他在中国早期革命史上还是一位值得一提的人物，曾经支持并跟随孙中山先生。从外表上看，东华庐是一个标准的围龙屋，有四横一围。但是进入内部，便会发现它与一般的围龙屋有明显差别。厅堂的高大和阔绰，是第一印象；普通房间的面积也比其他围龙屋的要大一些；最有意思的还是它的围屋，在屋檐下加了一圈柱廊。这圈柱廊使得围屋的美观性大大增加，而且显得洋气十足。潘植我的近代思想，反映到了他的建房理念上。

（六）承德堂：模数

第六个围屋是承德堂（图1-5-9），关键词是模数。承德堂在当地也被称为五杠楼，杠楼是侨乡村另一种常见的建筑形式。所谓杠楼，就是除了堂屋之外，只有横屋，没有围屋，但是堂屋和横屋都是两层楼。有几排横屋，就叫几杠楼。杠楼的特点是用连续几个山墙当建筑的正立面（因此堂屋也只能是面宽三间，不可以是面宽五间）。之所以出现杠楼这种建筑，与清朝后期侨乡村人口较多、用地紧张有关系。杠楼取消了围屋，还增加了二层，这就等于将围龙屋里的非模数化部分取消，而只保留了模数化的部分。这为后来洋楼的出现打下了基础。

图 1-5-9 承德堂

图 1-5-10 焕云楼（摄影：贾萌）

（七）焕云楼：洋

第七个围屋是焕云楼（图 1-5-10），关键词是一个洋字。焕云楼在当地被称为洋楼，它也确确实实是一座洋楼，洋得相当彻底。首先，它抛弃了坡顶，而全部改成了平顶。其次，传统的客家围屋，都是房屋围绕着庭院为中心而建造的，即使像五杠楼这样模数化程度很高的建筑，也是以天井为中心来展开布局的，而焕云楼是以厅堂为中心，它用大厅取代了天井。不过，传统的上、下堂和左、右花厅，也并没有消失，所以就形成了特殊的十字大厅的格局——加盖屋顶的天井，连同上、下堂以及左、右花厅，成为一个连成一体的十字厅堂空间。焕云楼始建于 1927 年，工程进行了十年，主体部分和横屋部分都已经完成，杂房完成了一半，这时候赶上日军入侵，侨汇断绝，不得不停工。这一停就再也没能复工，成了永久的烂尾楼。我们在乡村复兴论坛梅县峰会前曾和地方政府一起做过努力，想把已经大部分荒废了的焕云楼设计改造成一家展览馆兼旅店，可惜未能实现。

（八）毅成公家塾：教育

第八个围屋是毅成公家塾（图 1-5-11、图 1-5-12），关键词是教育。毅成公家塾是潘立斋和潘祥初这两位侨乡村的大佬合资捐建的，建成于 1902 年，是为了纪念潘立斋的祖父——侨乡村潘姓第一个依靠经商而改变命运，并且建造了上新屋的潘钦学。潘钦学的号是毅成，所以这所学堂叫毅成公家塾。以今天的标准，毅成公家塾是一个规模很小的学校。但是在那个时代，私塾都是以家庭为单位的，四五个小孩就是一个私塾。毅成公家塾有上、下两层院落，按传统标准看规模已经算是很大的了。维持这么一种规模的学校，绝不是单个家庭所能完成的任务，需要举全家族之力。实际上，它对应的是现代化的教育系统。全村的小孩，甚至包括外村的小孩一起来上学，才需要这样的学校建筑。而且，学的内容不只是读三字经之类的儒家启蒙书，而是包括数学在内的现代知识。

（九）自在楼：风水

最后一个围屋，严格说来不属于围屋，而是一栋独立的传统建筑，它的关键词是风水。这是一栋非常特殊的传统建筑，当地人称“棺材屋”（图 1-5-13）。为什么叫“棺材屋”呢？这里面有个故事。潘祥初建造南华又庐的时候，因为它占地特别大，而山脚已经没有地方了，所以就建在了稻田中间。这个地方的位置比较低，还正好对着谢姓的宗祠宝树堂。潘祥初作为家族的“叔公头”，觉得这样的格局对潘姓的风水不利，于是就在南华又庐和宝树堂之间，造了一座长方形的房子。没有实际用途，就是为了“破谢家的风水”。谢家的人丁没有潘家多，对这个“欺负人”的做法也只有选择忍让。不过，后来谢家的人丁并没有因为这座棺材屋的修建而减少。于是村民们又有了一种说法，说是大木匠在建造棺材屋的时候动了恻隐之心，把房子放偏了一点，所以才没发挥出破谢家风水的作用。这个故事在后来还有个饶有趣味的发展——在 2003 年，谢家的一位后人又把这栋棺材屋的一半产权给买下来了，并且给它起了个正式的名称，叫“自在楼”。这一下，谢家大概是可以彻底解决自家风水被破掉的危险了。

我们在筹备乡村复兴论坛梅县峰会的时候，觉得这栋很有故事但是现在又处于荒废的房子，是个可以发挥的题材，于是建议政府将它租下来，改造成一个可以让人喝茶看书欣赏侨乡村田园风光的建筑。自在楼所在位置，是个风水节点，也是侨乡村这片区域的一个几何中心。登上它的二层，正好可以眺望稻田里的南华又庐和焕云楼。来到侨乡村的游客，可以到这里一边品尝咖啡，一边体验优美的稻田景观。改造自在楼的设计师是我的老同学覃江义。他的设计理念就是两个字——“共享”（图 1-5-14）。他要让这栋原本代表了两姓人风水斗法的建筑，变成一个全村人共享、村里村外人也共享的建筑。

以上梳理了侨乡村九个围屋的九个关键词，在文章结尾做一个简单的总结：侨乡村的这九个围屋，一方面体现了客家围屋的多样性，另一方面

图 1-5-11
毅成公家塾鸟瞰
(摄影：熊建辉)

图 1-5-12
毅成公家塾
(摄影：熊建辉)

图 1-5-13
改造后的自在楼
(摄影：邓长河)

更重要的是体现了建筑形式的演变轨迹；这条轨迹，就是从传统到现代。以当时的眼光看，老祖屋是完全传统的，焕云楼则是相当现代的，而中间出现的每一个围屋，都代表了从传统通往现代的一步台阶。时至今日，距离焕云楼的始建之年，已经过去了将近一个世纪。这些围屋，也已经通通被我们纳入了传统建筑的范畴，传统和现代都成为了侨乡村生活的组成部分，我们要将两者包容。

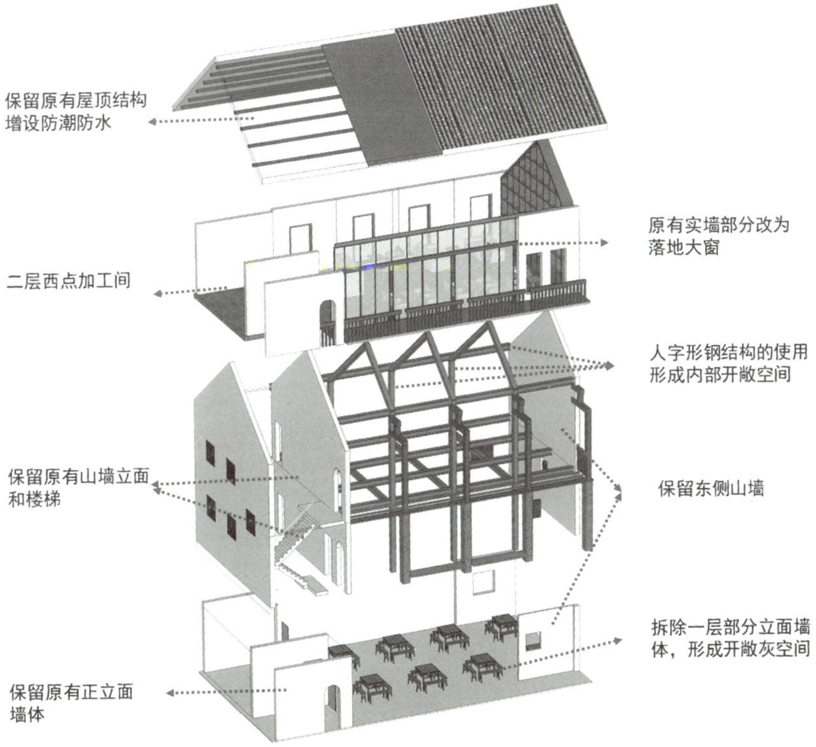

图 1-5-14 自在楼改造图（覃江义设计，范秉乾、王芝茹绘）

六　秦岭深处的张良庙

2018 年 6 月 16 日

再过三个星期，由乡村复兴论坛主办的“在村里开大会”活动，将要举行2018年度的第二场，这一次将在陕西省汉中市的留坝县召开。说到留坝，可能有些人不熟悉，甚至不知道，包括我自己，也是在去年七八月份才第一次听说。

（一）留坝

首先交待一下留坝的地理位置。留坝位于秦岭南麓，是属于汉中市的一个县，南距汉中市区约 75 公里。这个位置很关键。秦岭是个大山脉，隔绝关中与巴蜀，是亚热带与暖温带的分界线，更是中国南北的分界地带。汉中市区，则以平原和低缓丘陵的地貌为主。从汉中向北进入秦岭大山的第一站，就是留坝。

说到这里，要顺便交待一下历史上从关中穿越秦岭到巴蜀的路线。这些路线有若干条，如子午道、骆谷道、褒斜道、蓝武道、陈仓道、祁山道等。其中最重要的一条，叫褒斜道（图 1-6-1）。褒斜，就是褒水和斜水的合称。褒水是汉江上游的支流，属于长江水系；斜水是渭河的支流，属于黄河水系。这条路线因为山势险峻，不得不在很多地方开凿栈道，所以又被称为褒斜栈道。褒斜栈道在历史上，那可是赫赫有名。秦国伐蜀、刘邦当汉中王、诸葛亮六出祁山，走的都是这条路。

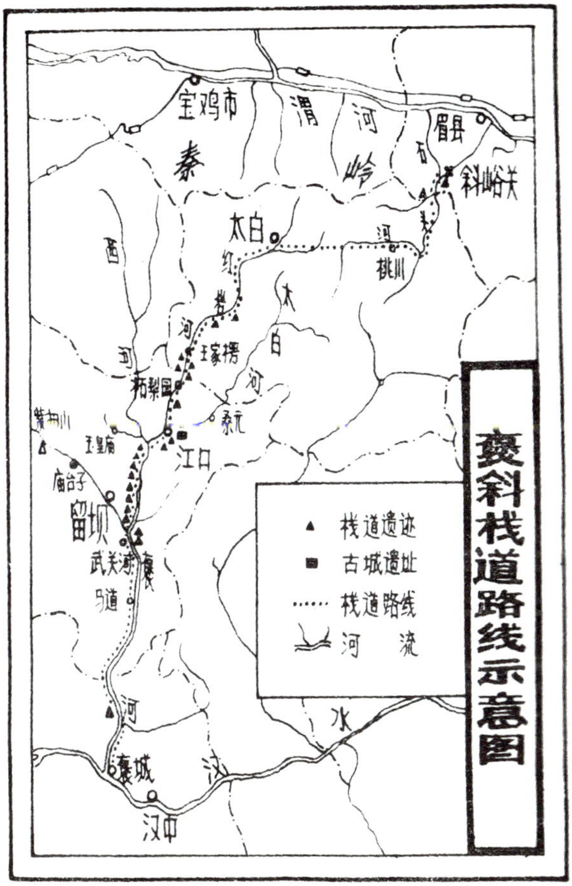

杜葆仁　绘

图 1-6-1　褒斜道路线示意图
（引自留坝县张良庙文管所 1983 年编《汉张留侯祠》）

接下来，说一下留坝的建制历史。根据县志，留坝作为地名，在官方文献中的出现是比较晚的。明洪武三年（1370 年），才有“设留坝巡检司”的记录。巡检是一个基层机构，主要功能是治安管理，通常设在地理比较偏远，但是交通又比较关键上的位置上，它的行政级别大概相当于现在的乡镇。可见直到明代初年，留坝这个地方还是人烟稀少的。清乾隆二十九年（1756 年），设留坝厅。在清代，厅是设在少数民族地区或战略要地的行政单位，与县平级。这个时候的留坝厅，管辖范围就跟后来的留坝县差不多了，只是因为位置还是偏远，人口也相比于其他地方也还是少，才叫“厅”。进入民国，厅、州、县都统一成县，所以留坝厅也在 1913 年变成了留坝县。

（二）留侯张良

留坝这个地名，虽然出现得比较晚，但是它的源头可就早了。留坝，由留和坝两个字组成。坝是平地的意思，是我国西南地区使用极为频繁的一个字眼。留指的是什么呢？是留侯。留侯，就是张良。留坝有个张良庙，其正式名称是“汉张留侯祠”。从正式名称看，这应该是一个纪念历史名人的祠堂，严格说来不是庙，因为庙是用来祭祀神灵的，祠庙有别。当然这是专家学者们较真的说法，老百姓们懒得分那么细。而且，叫张良庙也不是一点道理都没有。在老百姓眼里，甚至在不少文人和当官者的眼中，张良就是一尊神！

张良与萧何、韩信并称汉初三杰。这三个人，对刘邦建立汉朝都极为重要，但他们最后的人生结局可不太一样。韩信是中途加入刘邦团队的，凭战功卓著而当上齐王，到达了人生顶峰，但是不久就被刘邦降为只有虚职的淮阴侯，后来又被吕后设计给诛杀了。诛杀韩信的执行人，不是别人，正是当初保举了他，而且又曾经在“月下”将其追回来的萧何——“成也萧何、败也萧何”这个成语，就是这么来的。萧何因为此举，向皇帝和皇后表明了他的忠心，同时也因为他是在创业之初就加入刘邦团队的老人，所以得以善终，尽管他也曾经被刘邦治罪，进过监狱。萧何毕竟是有帮着主上杀功臣的污点，所以有的史家对萧何的评价就不是很高。司马迁就说他是个“录录未奇节”的“刀笔吏”。

张良也是中途加入刘邦团队的，贡献了很多的好计谋和大战略。刘邦当上皇帝之后，论功行赏，要在齐地选择三万户的采邑，封给张良。但是张良不接受，他提出只要一万户就行，而且地点不是在齐地，而是在沛县境内一个叫留的地方。为什么是留地呢？因为当初张良第一次见到刘邦，就是在这里。张良这个举动，一表忠心，二表退隐，三还打了感情牌。这就是让皇帝吃了放心丸，也让自己免了杀身之祸。因为封地在留，所以张良的封号就叫“留侯”。

纵观张良一生，可以说是早期勤奋求学，中期深谋远虑、创立不世功业，晚期又能明哲保身、激流勇退。这样的人生，堪称完美，是后世历代文人和为官者的榜样。不过，如果光是这样，张良也还只是一个人，并不足以成为让后人景仰膜拜的一尊大神。

除了善于谋略，张良还有一个优点，那就是身体一直都不太好。身体不好，应该是个缺点，怎么成了优点呢？《史记·留侯世家》里说“张良多病，未尝特将也，常为画策臣，时时从汉王”。这话的意思是说，张良因为身体多病，所以没有独立带兵打过仗，而是一直作为出谋划策的臣子，时时跟从汉王。留在领导身边当谋士和亲信，这个重要性跟带兵出去打仗是一样的，甚至更加重要。

还有，多病就得注意养生。也是《史记·留侯世家》里的记载，说张良封侯之后，“乃学辟谷，道引轻身”。辟谷，就是张良的养生之法。辟谷是道家推崇的修炼和养生之道。张良即使不是最早采用辟谷之法的，也一定是早期试用者之一。要知道，起源于中国的道教，虽然有很早的思想源头，但是一直到东汉末年才出现成规模的道教组织。

辟谷要找个专门的僻静之所，可以在家里，但最好是去到一个山清水秀、人迹罕至的地方。我猜测，张良做辟谷，多半是在家里，因为他身体本来就不好，离不开家人的照顾。但是，后世的粉丝们，更愿意想象他们的偶像是在一个脱离了世俗的地方，去做的辟谷。

辟谷这个行为，在我们中国人的传统观念里，就近乎神仙了。可以说，张良通过这个行为，完成了从人到神的转化。当然这个行为如果是放在一个凡人身上，那是一点意义都没有的，前提得是一个大英雄，才有可能实现这个转化。

（三）留坝张良庙

张良庙里有几十通石碑，其中不少出自书法名家之手，但是流传最广的一通石碑，却是民国初年一个文化程度并不高的地方军阀书写的。这个军阀名叫管金聚，大约 1870 年出生于山东省郓城县。他年纪轻轻就去了关外，投奔张作霖，因为作战勇敢而得到张大帅的赏识。张作霖入关后，管金聚也被提拔为十五混成旅旅长和“陕南镇守使”，并于 1916—1920 年期间驻扎在汉中。管金聚与当时任十四混成旅旅长的冯玉祥，据说是并驾齐驱的两员名将，两人的交情还相当不错。冯玉祥在张良庙也题写了一通石碑，是 54 字的一副长联。

管金聚题写于 1919 年的石碑，只有四个大字：英雄神仙（图 1-6-2）。这四个字，尽管极为通俗，不显高雅，但确实是对张良一生最简要的概括。同时，这四个字也表达出了中国历代多少文人士宦的共同心声。成为英雄，是所有人的梦想。能实现者，少之又少。而在这些实现了英雄梦的少数人之中，大部分又有过从高位坠落的痛苦经历。这种从高位坠落而造成的心理落差，即便是英雄也难以承受的。张良在成为英雄之后，又能够实现成为神仙的人生转化，这就太值得文人士宦们学习和借鉴了。

留坝的张良庙，坐落在秦岭南麓的紫柏山脚，与 316 国道——也就是古代连通褒斜道与陈仓道的连云道——隔着一条小溪。这是一个占地 1.4 万平方米的大型庙宇，由六个院落和花园组成，是全国最大的一座张良庙（图 1-6-3）。从建筑学的专业角度看这座张良庙，也是水平相当高的。过于专业的描述，我就不展开了，在这里只说一点。这座张良庙，实际上是由张良庙本身和一座道观组成的。如何组织院落空间、如何安排张良庙和道观的关系，是一个不太好处理的问题。如果读者去参观留坝张良庙的话，我建议您重点注意一下山门之后的灵官殿。这是一座双重檐的四角攒尖顶建筑，相当华丽。为什么采用了这么一种建筑形式呢？因为它正好位于东西轴线的张良庙和南北轴线的道观的交叉点上。采用双重檐的四角攒尖顶，一是好看，二是它从四面看都有完全一样的立面，这就让张良庙和道观实现了平衡。

我在网上搜索张良庙和张良墓，得到一个可能不准确的说法：全国之内，号称是张良辟谷处的有 20 多个，张良祠和张良庙的总数约有 100 上下，张良墓也有 10 多处。有那么多地方抢着要纪念张良，说明他在世人心目

图 1-6-2 “英雄神仙”碑

图 1-6-3 张良庙

中的地位。而辟谷处比墓地还多，也说明大家对张良辟谷比对他葬于何处，更感兴趣。

全国这么多张良庙，为什么最大的张良庙既不在他的老家河南，也不在他的封地江苏沛县，而是在陕西南部的留坝呢？我自己的猜测，可能有如下几个原因：

第一，这个地方适合辟谷，或者换个更确切的说法，是有辟谷的意境。这就排除了那些人口比较密集的地方。

第二，这个地方一定要很容易让人联想起秦末汉初的历史，尤其是关于张良的掌故。这就基本上可以锁定在关中、汉中和江苏下邳、沛县这几个地方了。

第三，这个地方的交通位置，相对来说还不能太差，以便获得养活一个大庙所需要的基础人口，同时也得到平原地区的反哺和支援。

这几个条件一叠加，大概也就只有留坝这个地方了。留坝地处秦岭之中，褒斜古道从这里穿行，距离汉中市区又只有 75 公里。确实没有比这里更符合的了。如果再往秦岭深处去，气候太冷，人口太少，交通太不便，就没法养活一个大庙了。

经过留坝的文人墨客和官宦士子，在拜谒张良庙时都会引发心中的感慨。套用一句时髦的话，这叫每一个人的心中，都有一个张良。现实中的自己和想象中的历史，多次叠加在一起，这使得张良庙本身的意义也在历史长河中不断地积累。周恩来总理曾于1940年从延安赴重庆途中，经过留坝，他也抽出时间参观了张良庙，并且发出感言："中国的历史，总是少不了张良、萧何这样的英雄人物。今后也需要这样的人物。"

七　来到金翼之家

2018 年 5 月 25 日

古田，这个地名大家一定不会陌生，因为“古田会议”是中共历史上的一次重要事件。不过我今天讲的古田，不是古田会议的古田，是另一个古田。古田会议，于 1929 年发生在福建龙岩市上杭县的古田镇。两个古田，都在福建，一个在闽西，一个在闽北。闽西的古田，写进了中小学的历史教材，名气自然要大得多。但是闽北这个古田，也不差，甚至在另一个领域可能知名度更高。这个领域是人类学和社会学。

（一）《金翼》

在 20 世纪的 30—40 年代，正是人类学和社会学在文科领域“攻城拔寨”，迅速扩大影响力的时候。这个阶段的人类学和社会学，找到了一个能力超强的武器——社会功能学派。社会功能学派的核心观点是这样的：任何一种文化现象，不论是社会制度、思想意识、风俗习惯等抽象的社会现象，还是建筑、工具、器皿等具体的物质现象，都有满足人类实际生活需要的作用，也就是都有一定的功能；而且，它们中的每一个与其他现象都互相关联、互相作用，构成一个完整不可分的整体。

社会功能学派的鼻祖是英国学者马林诺斯基。马林诺斯基有个著名的中国学生，就是费孝通。费孝通于 1936 年撰写的《江村经济》，就是把社会功能学派的研究方法用到了中国江南地区的乡村，从而极大地拓展了这一学派的应用范围。

社会功能学派的方法是特别好用的。我自己是在2002年前后，在陈志华先生的指导下开始做乡土建筑的调查和研究，就是把这套社会学的方法用到了中国乡村的传统建筑上。每年我们会选取一个村或者一个镇（有时候是一批成系列的村镇）作为一个研究课题，测绘建筑、采访老人、查阅家谱，然后是撰写文稿。大概一年时间，就能拿出一本完整的书稿了。这种学术成果的“生产速度”，是大多数其他学科领域都无法企及的。我在这里绝没有炫耀自己学术成果的意思，只是为了说明社会功能学派的方法好用。

不过，再好的方法也不是万能的。社会功能学派的方法，有什么弱点呢？我自己在社会学上不是科班出生，只是在老先生的指引下，把这个方法用在了乡土建筑上。所知有限，所以没法做出全面的评价。但是，有一点是明确的，那就是社会功能学派对静态的社会现象可以做出很好的解释，可对演变中的社会现象就会显得不那么顺畅。

实际上，在20世纪40年代，学者们就已经意识到这个问题了。针对这一点，有学者提出了“社会平衡论”。社会均衡论的基本观点是这样的：平衡是社会的常态，变迁是暂时的，变迁最终也是为了达到新的平衡。

在20世纪30—40年代的中国，社会功能派的代表作是费孝通的《江村经济》，社会平衡论的代表作是林耀华的《金翼》。这两本书，都是先用英文写成、在国外出版并且产生了巨大的影响力，之后再翻译成中文回流到国内的，所以有人将其视为当时的“绝代双骄”。绕了这么大一个圈，现在我们回到正题：《金翼》这本书里所讲的故事，就是发生在闽北的古田县。

《金翼》的作者林耀华先生，是跟费孝通先生同一年出生的学者。他们二位都师从著名学者吴文藻。林耀华和费孝通，加上另外两位同样出生于1910年的年轻人，被吴文藻的妻子，也就是著名的冰心女士，戏称为“吴门四狗”，因为他们的生肖都属狗。这是学术史上的一段佳话。

林耀华先生是福建古田县人。我们一行人在古田县考察，第一站就是去看了“金翼之家”。《金翼》这本书，实际上是一本以小说形式写成的社会学研究著作，讲述的是20世纪初至30年代，福建闽江下游一个叫“黄村”的地方所发生的故事。《金翼》里写的故事，就是脱胎于林耀华自己家族在那几十年的历史。文中“金翼之家”的创建者黄东林，也就是小说里的男一号了，对应的真实人物是林耀华的父亲林孝先，而“小哥”对应的就是林耀华自己。“黄村”，就是如今古田县黄田镇凤亭村之下一个名叫“岭尾村”的自然村。

（二）金翼之家

金翼之家，是一个位于半山上、占地800多平方米的三进院大宅（图1-7-1）。为了防土匪，还配备了两个高耸的炮楼。这栋大宅始建于1915年，距今已过百年。几年前，当地政府斥资对破损严重的金翼之家进行了彻底的大修，让她恢复了旧时的盛况。不过，修复之后的金翼之家，只能是个陈列馆了，当年的主人们，以及他们的后人们，都已经从这里迁出。没人住是个遗憾，但也有好处，那就是保护的麻烦少了，诸如明火、电线之类的安全隐患大大降低，同时也方便游人来参观。

金翼之家的大门外面，是一面高高的院墙。这面墙上现在挂了十几个木制牌子，是不同的大学设在这里的人类学和社会学教学研究基地。这些牌子说明了这栋建筑在学术界的地位。因为时不常地要开研讨会，金翼之家的后面又加建了一栋两层楼。一楼是会议室，二楼是展厅。从文化遗产保护的角度来看，这栋加建的楼房是不太合适的，因为它拉低了金翼之家的品质。几年前做加建的时候，真是应该请一个高水平的设计师，来好好做一个方案。历史建筑的加建，做好了是锦上添花，做不好就是头上长疮，看着难受，用着不爽。

在小说里，金翼之家这座大宅是黄东林发家之后建造的。黄东林原本是一个农民，生活在一个相当困苦的七口之家。和大哥东明一心投入到农业劳作不同，东林很早就有了商业的嗅觉。他和姐夫一起开了一家茶馆，又从茶馆中来来往往的人群中不断发现新的信息，从而在商业这条路上越做越大。小说中的每一次事件，都是从一个平衡打破，进入到下一个平衡的过程，充分体现了“社会平衡论”的思想。

《金翼》展现的是一个家族的历史画卷。实际上这个画卷是附着于一个大得多的历史画卷的，那就是中国社会的近代化。发达国家工业化生产出来的物资，和中国沿海城市工厂里生产出来的物资，通过蒸汽轮船这种现代化的、高效率的交通运输工具，源源不断地从闽江下游，逆流而上，进到中游乃至上游的广大山区。而山区出产的物资，也通过轮船运到闽江下游的港口，供沿海城市居民消费，或者出口到国外。黄东林敏锐地观察并且抓住了这样的历史变革机会，所以他能够带领着他的家族成员，不断地从一个较低的平衡，跃迁到另一个更高的平衡。

我们此行的目的，是考察古田县的村落保护。因为《金翼》这本书的历史地位太过重要，而且她所在的村子还保留有包括金翼之家在内的几处传统民居，所以我们的第一站就去看了岭尾村。在参观完岭尾村之后，古田县的领导又安排我们去看了另外三个地方，即城东社区的桃溪村、卓洋乡的前洋村和杉洋镇。这三个村或者镇,都是历史文化资源相当丰富的地方，完全可以单独列成独立的研究课题。不过，它们之中让我特别有感触的还是桃溪村，因为她让我对《金翼》这本书似乎又有了更深一层的理解。

（三）桃溪村

桃溪村距离古田县城约 20 公里。其实刚到桃溪村的时候，她给我的第一印象是不太好的，因为路边只看见长长一排近年新建的小洋楼，毫无历史感可言。可是，进到村子里之后，传统民居的大宅子，还是质量很高的，一个接一个，总也看不完。村支书说，这样的大宅，虽然拆掉了一些，但

图 1-7-1　金翼之家

图 1-7-2　俯瞰桃溪村

是还保留有七十多个。要把这七十多个大院全看完，要耗费相当长的时间。于是我问村支书，能不能找个制高点，拍一张鸟瞰图，这样就可以对村子的整体面貌有个直观把握了。村支书说有，在对面山上。然后我们就换了小车，开到了对面的半山上。

从半山上俯瞰桃溪村（图 1-7-2），只见她坐落在一个面积并不大的山区盆地之中。一条小溪，从盆地中间穿行而过。小溪的水量不大，无法开展航运，只能满足日常生活和农田灌溉。盆地的一半是农田，另一半是房屋——密密麻麻的房屋。在这密密麻麻的房屋中，一半是近年新建的小洋楼，另一半就全是老房子了。村支书告诉我们，桃溪村的人口有四千多，所以房屋的密度才会这么大。

四千多人的村子，确实比一般的村落要大多了。一个面积并不大的盆地，显然是无法养活那么多人口的，即使把近百年来人口增长的因素考虑进去，砍掉一半的人口，也不可能。而纯农业的生产，更是无法支撑起建造这百八十栋大型豪宅所需要的经济水平。从山上俯瞰桃溪村的时候，我很快就联想到了《金翼》里的黄东林。没错，晚清到民国时期的桃溪村，一定是出现了几十甚至上百个黄东林，才有可能建起这么多的豪宅。我们今天能看到这么多的高质量的文化遗产，真的是要感谢当年的黄东林们！

沿着这个思路，我脑子里又产生了一个猜测：晚清至民国六七年之间的十年，大概是中国乡土建筑发展的一个黄金时期。这里说的乡土建筑，也可以视为传统村落和传统集镇的合集。为什么这么说？这是因为，那段时间开始于沿海的现代化，拉动了一部分山区集镇的经济发展；而活跃在这些山区集镇上的商人，大多来自于附近的山区农村；这些出身是农民，但是依靠新兴的工商业而发家的新式乡绅，有了钱之后的第一件事就是在家乡建房。

这批乡绅们在建房的时候，由于现代化的建筑工业尚未形成，他们所

图 1-7-3 桃溪村的民居石雕

图 1-7-4 桃溪村的民居木雕

采用的建筑系统依然是传统的——传统的建造工艺（图 1-7-3、图 1-7-4），传统的建筑材料，传统的建筑形式。也就是说，乡绅们的财富，都用在提升和强化传统的建筑上了。这跟最近几十年中国经济腾飞的情况是有很大差别的。最近几十年，很多进城打工、做生意的村民也有了钱，但是由于建筑系统本身也已经现代化，所以将老房子拆除，代之以现代化小洋楼的现象相当普遍。这对于乡村的传统建筑而言，无异于灭顶之灾。

意识到这一点，我对晚清至民国的那段历史，不得不平添了一份敬意。

八　樟林古港和远去的红头船

2018 年 5 月 25 日

上周末，乡村复兴论坛组委会受广东汕头市澄海区政府的邀请，考察了澄海区的几处历史村镇。这一趟考察的行程很短，但是信息量却不小，也在相当程度上开拓了我的知识和眼界。

（一）樟林港

樟林港是我们的考察地点之一。说到樟林港，可能很多读者以前不知道这个地方，我自己也是头一回听说。其实她和我在前文多次说到的一个地方，关系很密切。这个地方，就是梅县的松口镇。松口镇，是梅江河的大码头。下南洋的客家人，都是从这里乘船，沿梅江河而下，进到韩江，在汕头出海。梅江河是韩江的上游支流，韩江在汕头入海。

韩江在汕头的入海口，就是樟林港——准确地说，是包括樟林港在内的一系列港口。因为入海口并不是一个点，而是一个巨大的喇叭口，有多个地点都可以形成码头。乡村复兴论坛于 2018 年 4 月在梅县的松口码头开过会，一个月之后我们一行就来到了樟林港（图 1-8-1）。这不能不说是一种缘分。

我们在感叹这种缘分的时候，一个疑问也产生了：为什么同样是大码头，松口在行业内甚至在公众领域已经相当有名气了，樟林港这些年却显得那么“寂静无声”呢？

图 1-8-1 樟林港

原来，樟林港的辉煌时期早在 1860 年就终止了。1860 年第二次鸦片战争结束，清政府被迫又开通了一批通商口岸，其中就包括汕头港。汕头港也是韩江入海口的港口之一。在韩江的入海口，江水带来的泥沙不断堆积，同时又受到海潮的反复推拉，导致海岸线逐渐外扩。1850 年前后，樟林港就因为泥沙堆积而变浅，其航运功能就已经让位于汕头港了。1860 年开通汕头口岸，只不过是官方正式确认了汕头港的地位。当然在那之后，由于口岸开通带来了近代的贸易大发展，汕头港更是将樟林港远远地甩在了身后。

客家人从汕头出海下南洋，并不是在 1860 年之后才开始的，而是早得多。在明代之前，中国东南沿海地区和东南亚之间的海上贸易，就已经在进行了，而每逢朝代更替，也总会有人避难到海外。所谓海外，在当时主要就是指东南亚的各个岛国和群岛了。到明代晚期，由于东南沿海地区人口增长到已经超出土地承载的极限，前往东南亚谋生的华人也就越来越多，并且对当地经济和文化开始产生重要作用。在这些人之中，以海边的潮汕人、广府人和闽南人居多，同时也有晚一步到来的客家人。所以松口镇和汕头港就成为两大地标，一个乘船下河，一个扬帆出海。这个局面一起持续到1939年，这一年日寇占领汕头，不只客家山区，连潮汕地区，跟海外的交通贸易都中断了。再后来，松口作为一个古镇，比较完整地保留到了现在，成为远近闻名的历史文化名镇。而汕头，虽然老码头、老街道都已经消失，但是由于港口功能的不断发展强大，长成了一个繁华的地级市，还在1984年被国务院批准为经济特区。只有樟林港，衰落之后，归于无声，直到最近才似乎被人们重新发现她的存在。

以上讲的是樟林港辉煌时期的终点，那么，她从什么时候开始辉煌的，是不是也能搞清楚呢？起源问题经常是难以给出明确答案的，但是在樟林港，这个问题还真是有一个基本上算明确的答案，那就是雍正元年（1723年）。潮汕地区和东南亚之间的海上贸易，其实很早就开始了，至少可以追溯到唐宋。但是这些早期的贸易，到底是从哪些港口进出的，我们已经不太清楚了。樟林港之所以有一个明确的时间起点，是因为清朝初期实行了海禁和迁海令，而后又有条件地开放了海上贸易。

（二）迁海令与复界令

清初实行迁海令，主要目的是为了对付台湾的郑成功家族。郑成功于1661年收复台湾，并以此为据点来谋求“反清复明”。1661年，也就是清顺治十八年，这时候清廷入关不久，脚跟还没站稳，所以对南明的几支反清力量都还保持着小心谨慎的态度。要知道，只不过就在收复台湾的两年之前，郑成功还曾经组织过一次声势浩大的“北伐”，沿海岸线一路北上，一直打到南京城下，让清廷惊出了一身冷汗。

被郑成功吓了一回的清廷，颁布了极为严苛的迁海令（迁海令始于顺治八年，但是正式实行是在顺治十八年）。东南沿海各省人民，北至山东，南至广东，全部内迁30～50里；不但不许出海，连该区域内的所有房屋也都悉数焚毁，违者一律处决。坚壁清野，是我们经常听说的一个防御策略，但是坚壁清野到这个程度，可以说是令人难以想象的。中国的海岸线，光是浙江、福建和广东这三个省，总长就达到1.8万公里。沿此海岸线生活的居民，有几百上千万。由于迁海令，这些人的生计全都成了大问题。关于这段时间东南沿海的老百姓们生活如何困苦的史书记载，可以说是俯拾皆是。

迁海令一直持续到康熙二十二年（1683年），施琅将军攻下台湾，才宣告停止。这时候朝廷又颁布了“复界令”，也就是允许和鼓励老百姓们，回到荒废了二十多年的海边，恢复打鱼、种地等生产活动。

贸易方面，“复界”之后的海上贸易也算是恢复了，但并不是无条件的。首先，全国依然只允许有唯一一个外国商人来华做贸易的地方，那就是广州。广州在外商来华贸易上的垄断地位，其实从明朝就开始了，这是另一个大课题，在这里先不展开，以便把注意力集中在樟林港。

（三）红头船

第二个条件是关于中国人自己也要出海，该怎么办？清朝政府对这个行为也是有控制的。康熙二十二年之后的一段时间，也许是东南沿海航运业的恢复期和朝廷对此行业的观察期。到雍正元年，朝廷就颁布了规定：“着将出海民船按次编号，刊刻大字，船头桅杆油饰标记”。对广东、福建、浙江和江苏这四个省份的船只，根据其五行方位，又规定了它们所使用的颜色，比如广东位于南方，南方属火，所以船用红油漆饰，用青色钩字；而福建位于东方，东方属木，所以福建船用绿油漆饰，用红色钩字。从此以后，福建“绿头船”、广东“红头船”的称呼，就在民间叫了开来。

清廷对于海上贸易行为，总的说来是相当陌生的。他们从草原进入中原，在驾驭农耕和草原这两类文明上，通过吸取前代的经验教训，实现了高超的平衡术。但是对于陌生的海洋，清朝统治者所感受到的，基本上是担心甚至害怕。这种心态反映在沿海的对外贸易上，就是尽量别来往；实在禁止不了来往，那就尽量限定位置，限定规模。广州是唯一的外商来华口岸，而广东的红头船和福建的绿头船，除了登记编号管理外，也限定了进出港口——其中的红头船就限定在潮州的樟林港（图 1-8-2），还规定了船只的尺寸——郑和下西洋时的大船，那是绝对不让造的。

能不能完全禁止中国人出海呢？也不行，因为沿海居民的人口不少，海边又多盐碱地，没法种粮食，光靠打鱼养活不了那么多人。而且要想打到比较多的鱼，还是得到离海岸线稍远的海里才行。而船只一旦跑出去，也就没法控制它们是去打鱼还是去做买卖了。

总之，在海上贸易这件事上，政府是想尽量控制和减少，沿海居民是想尽量多做，双方就此展开博弈。

在这个博弈之中，广东的红头船找到了一个突破口，那就是从暹罗运大米回中国。暹罗，是泰国的旧称。康乾盛世，人口大增，当时中国没有杂交水稻，太需要粮食了，所以当潮汕人用红头船，从暹罗运回大米的时候，朝廷是相当欣慰的。

红头船就这样找到了一个让自己合法化的理由。其实红头船运载货物，是挂羊头卖狗肉。 大米只是象征性地运载物，以备政府查询。真正的货物，包括南洋运回来的象牙、犀角、珠宝、肉桂、胡椒香料、柚木、桑枝、铁梨木等，和潮州运往南洋的陶瓷品（图 1-8-3）、潮绣、雕刻、麻皮、菜籽等，还有从中国北方转运来的人参、鹿茸、兽皮、丝绸等。这些货物，获利非常丰厚。于是，没用多久，樟林港的航运业就蓬勃发展起来了。

我们现在查历史文献，关于福建绿头船的记载要远远少于广东的红头船，而浙江的白头船和江苏的黑头船，则几乎是销声匿迹。这也许就是因为，那段时间的红头船势力强大，导致其他省份的船只没法跟它竞争。樟林港和红头船的兴盛期，大致是雍正元年的 1723 年到第二次鸦片战争结束的 1860 年。1860 年之后，汕头港取代了樟林港，红头船也逐渐让位于蒸汽轮船。尽管繁华已逝，樟林港和红头船的这段历史对潮汕人民却是影响极

图 1-8-2 樟林港红头船

图 1-8-3 樟林港的外销瓷

为深远的。比如，由于红头船最主要是来往于泰国和潮汕地区，导致潮汕后裔在泰国人口中占有相当高的比例（泰国现在的人口约 8500 万，其中华人有 850 万，40% 是潮汕人）；这些华人还深度嵌入了泰国的经济社会和政治生态——远有吞武里王朝的建立者郑信，是澄海后裔；近有 2001 年当选泰国总理的他信，他信虽然是客家人，但是他的祖籍在距离澄海很近的丰顺县，而客家人也是步潮汕人之后而下南洋的。又比如，在泰国经商的潮汕人，于晚清至民国时期在家乡建造了大批高质量的豪宅，其中很多现在已经成为宝贵的文化遗产。关于这些历史影响，又是一个大可展开的话题和研究课题了。

九 “兰芳共和国”

2018年6月1日

前文讲了广东汕头澄海区的樟林港和红头船。这期专栏发出之后，我又陆续读了一些关于潮汕地区和东南亚华侨的文章，有了不少新的知识发现，其中，有一个很有意思的故事。

（一）华侨吴元盛与罗芳伯

清朝乾隆年间，一个名为吴元盛的广东嘉应州人，因为谋划起义的事情泄露，而不得不逃亡到了南洋的婆罗洲。嘉应州，就是现在的广东省梅州市。而婆罗洲，即现在的加里曼丹岛，分属于印度尼西亚、马来西亚和文莱。吴元盛之所以逃到婆罗洲，是因为早前这里发现了金矿，吸引了不少人前来挖矿采金。当时的婆罗洲，分属于二十多个马来的移民王国。这些马来人发现，他们其实并不用自己千辛万苦地去挖矿，而只要把挖矿权卖给别人，就能坐收渔利。

这些别人是谁呢？主要就是中国沿海地区的穷人，包括离海岸线不太远的客家人。挖矿采金这份工作，不但又苦又累，还要冒相当高的风险，有钱人是不会去干的。我们这里说的风险，包括了三层：第一层风险是出洋，可能遭遇台风，导致海上事故；第二层风险是挖矿，可能遭遇塌方或山体滑坡，导致非死即残——如果是伤残，在环境恶劣的地方还缺医少药，结果也一定好不了；第三层风险是竞争，采金是要碰运气的，有人采得到有人采不到，采不到的一定会眼红采得到的，这地方又基本上处于无政府状态，所以武力是经常要用到的手段。

穷人这个词，我用得也不太准确，因为他们从老家出发的时候可能还是穷人，但是其中的一部分人在相当短的时间内就发了财。发了财的人回到老家，现身说法，又吸引了更多的人加入采金挖矿的队伍。这些特别能吃苦的华工，渐渐地垄断了婆罗洲的采金业，成为唯一的矿工来源。吴元盛和他的团队，也加入了采矿者的行列，他们还成立了一家名叫“聚胜”的公司，以便和其他人竞争。叫“公司”，显然是受了欧洲人的影响。中国本土的商业机构，在那个时候还没有叫公司的，经常是“某某行”，比如著名的广州十三行。这个时候，华人在婆罗洲成立的采金公司，大大小小已经有几十家。这些公司都是由某一批同乡者联合成立的，和我们现在所理解的公司很不一样，它们都在内部形成了非常独立的自治体，既孤悬海外，又相互竞争。

吴元盛有一个同乡下属，是我们罗家人，名叫罗芳伯（图 1-9-1）。我的这位同宗老前辈，下南洋的时候已经 35 岁了，科举无成，心灰意冷，于是就跟着同乡漂洋过海，到婆罗洲来碰碰运气。他是个读过书、有文化的人，这一点很重要。要知道那个时候的东南亚，土著的文明水平和生产能力还是比较低的，欧洲人和中国人来到这里，用现在的话说就是“降维打击”，土著人对他们是没招架能力的。而在欧洲人和中国人之中，虽然欧洲人的武器要更先进，但是毕竟欧洲距离太远，来一趟很不容易，所以在人数上比中国人就差太远了。

另外，相比于中国人，东南亚的土著也更不喜欢欧洲人。原因可能有三个：一是从人种上说，东南亚和中国沿海更接近，欧洲人更远；二是中国沿海和东南亚之间的来往，很早就开始了，欧洲人则要晚得多；三是欧洲人到东南亚的目的，就是为了殖民，而中国人没有殖民的想法，他们是为了谋生或者交易。由于这几个原因，东南亚的土著经常会联合中国人，一起抵抗欧洲人的入侵。而组织民间武装这事，潮汕人和客家人都是擅长的——关于这一点，只要看看他们建造的那种固若金汤的寨堡式大型民居，就能想象得到。

在东南亚的中国人之中，一般是那些在家乡待不下去的，才会甘于冒险，来到这么贫穷落后的地方谋生，所以他们大多属于没受过教育或教育程度比较低的人。像罗芳伯这样的文化人，在这些中国人之中就显得鹤立鸡群。

果然，没多久罗芳伯的声望就超过了吴元盛，他反而成为了吴元盛的上司。罗芳伯凭借他出色的领导能力，使得他的采金团队在众多采金队伍中脱颖而出，通过兼并其他多个华人的采金公司，而成为实力最强大的一家采金公司。可以想象，这一过程不会是和和气气、一帆风顺的，少不了使用丛林法则。拥有武力的罗芳伯，又通过帮助当地苏丹平定内乱，而获得苏丹赠与的大片土地。

（二）“兰芳公司”

1776 年或 1777 年罗芳伯成立了“兰芳公司”。这个时候的兰芳公司，据说管辖范围已经达到十几万平方公里（图 1-9-2）。这么大的面积，加上独立自治的公司体制，而且罗芳伯又对外宣称实行“兰芳大统制”或者“兰芳大总制”，这就容易让人联想到：这好像是一个国家。

实际上，现在网上有很多资料，就是将兰芳公司直接称为了“兰芳大

图 1-9-1 罗芳伯画像

图 1-9-2 兰芳公司印鉴

统制共和国"。还说他在立国之初，就派人回清朝觐见乾隆皇帝，请求清廷承认其为藩国，只不过被乾隆皇帝当作来历不明的"天朝弃民"，予以拒绝。

共和国这顶帽子，戴得实在太高了，难免不让人起疑。于是我又继续顺藤摸瓜地查阅了一些资料，发现给兰芳公司戴上这顶高帽的，不是别人，正是我的另一位本家老前辈——罗香林先生。

罗香林，出生于1908年，广东梅州兴宁人，是我的正宗老乡。他于1926年考入清华大学史学系，1930年毕业，其后在多个大学和研究机构任职，于1949年全家移居香港。罗香林是中国近现代著名的历史学家和民族学家，不过他最广为人知的头衔还是"客家学的奠基人"。他的《客家研究导论》和《客家源流考》，是影响非常深远的著作。流传至今的"客家五次迁徙说"，就是他在20世纪30年代提出的。

罗香林先生还认真考证过罗芳伯的事迹。早在1937年，他就发表了论文《罗芳伯所建婆罗洲兰芳大总制考》。1941年，他又在长沙出版了著作《罗芳伯所建坤甸兰芳大总制考》。在这篇论文和这本书里，罗香林热烈称赞了罗芳伯，还将兰芳公司和美国进行了对比。

他说："兰芳大总制与美洲合众国，虽有疆域大小之不同，人口多寡之各异，然其为民主国体，则无二也。"

他还说："晚近国人之言民主共和者，皆言此制远肇于美，近行于法，而不知先民亦有是举。"

有罗香林这位史学大家做背书，"兰芳共和国"的名称和事迹就此传开了（图1-9-3）。这个说法之所以流传得如此之广，还有一个更重要的原因，那就是当时的中国人特别需要民族主义这一剂药了。1937年，正值卢沟桥事迹，日寇正式入侵华北。1941年，罗香林在长沙出版了《兰芳大总制考》一书。这个时候的长沙，正在遭受日军的炮火。还有，别忘了在抗日的广阔阵营中，除了正面抵抗的国军和在敌后开展游击战的八路军，还有很多踊跃捐款捐物，甚至弃学弃职回国参军的华侨子弟。罗芳伯这个从华侨历史中挖掘出来的人物，对于华侨们来说，更是一个可以极大地提高他们地位和声誉的大英雄。

事实上，兰芳公司的体制，更像是从天地会演变而来的。罗芳伯担任总厅大哥，有一位总厅副头人协助管理公务；下属各地，有一位副头人及尾哥、老大共同管理。罗芳伯临终前还立下遗嘱，兰芳公司的总厅大哥只能由嘉应州本州人氏担任，总厅副头人由大埔县人担任，公司管属各地头人可从嘉应州各县人氏中择贤而任；这些人还必须是从中国直接来的人，而不能是海外出生的“侨二代”。

罗芳伯定下的规矩，在他去世之后的几十年里，得到了比较忠实的执行。之所以能做到这一点，是因为几个继任者都是罗芳伯的拜把子兄弟。但是这样一种机制是很难长久的，等拜把子兄弟这一代人过去，下一代人必然无法接续。实际上都不用等到下一代。在 1822 年，也就是罗芳伯去世之后的第 27 年，就任第六任大总制的刘台二，这已经是罗芳伯结拜兄弟中最年幼的了。他就是在荷兰东印度公司的支持下，才得以上任的。也正是从他开始，兰芳公司的首领都要接受“甲大”的荷兰封号。这标志着，兰芳公司已经丧失了独立地位，并且至少在名义上已经成为受荷兰东印度公司管理的机构。其后的兰芳公司，在荷兰东印度公司的步步紧逼下，一点一点地让出更多的自主权，直到 1886 年彻底消亡。

我们今天回看兰芳公司这段一两百年之前的历史，难免会有居高临下的俯视感。平心而论，作为海外谋生的华人，能够在一段相当长的时间内掌控住一块面积不算小的地域，无论如何都是一件很不容易，甚至值得骄傲的事（图 1-9-4）。正如高伟浓教授在《婆罗洲淘金记》中所说：“近代的婆罗洲不复是古代的婆罗洲，这道分水岭是用华人矿工的血与汗划就的。他们的努力带动了当地其他华人行业的发展，从而连锁性地带动了整个地区经济的发展。华人公司要开金矿，就要进行基础建设，辟丛林、修道路、建港湾。为了保障生存需要，解决填肚子的问题，就要兴农业，种植各种

图 1-9-3 “兰芳共和国”地理位置

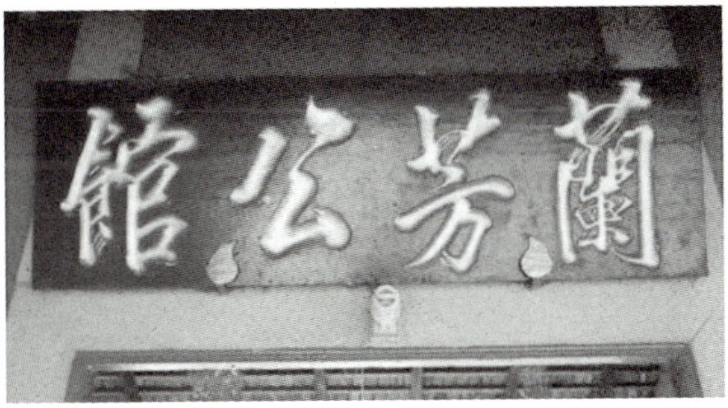

图 1-9-4 罗芳伯纪念馆

农作物以保障自给，还要饲养牲畜家禽，以保障饮食结构平衡。华人矿业也促进了近海渔业的发展。今日西婆罗洲道路四通八达，良田万顷，都是那个时候开辟的，这是华人矿业的副产品和历史贡献。”

在看到“兰芳共和国”的故事的时候，我的第一个反应是想到了金庸先生的《碧血剑》。《碧血剑》的结尾是这样的：“袁承志心想寄人篱下，也无意趣，忽然想起那西洋军官所赠的一张海岛图，于是取了出来，询问此是何地。张朝唐道：‘那是在渤泥国左近的一座大岛屿，眼下为红毛国海盗盘踞，骚扰海客。’袁承志一听之下，神游海外，壮志顿兴，不禁拍案长啸，说道：‘咱们就去将红毛海盗驱走，到这海岛上去做化外之民罢。’随后，袁承志率领他的一帮粉丝，‘远征异域，终于在海外开辟了一个新天地’。”

当年读《碧血剑》的时候，我还是一个十几岁的中学生，对金庸先生给袁大侠安排的这个结局，既感浪漫，又觉惆怅。现在看到了“兰芳共和国”的事迹，我不由得把罗芳伯和袁承志这两个人物给联系了起来。原来，金庸先生的小说并不是凭空杜撰的，而海外移民的生活，也远比我能想象的更为多姿多彩。

参考文献

[1] 罗香林 . 西婆罗洲罗芳伯等人所建共和国考 [M]. 香港：中国学社，1961.
[2] 罗香林 . 罗芳伯所建婆罗洲坤甸兰芳大总制考 [M]. 重庆：商务印书馆，1941.
[3] 高伟浓，王国强 . 罗香林对中外关系史和华侨史的研究 [J]. 暨南学校（哲学社会科学版），2003（05）.
[4] 高伟浓 . 婆罗洲淘金记 [M]. 不详 .
[5] 袁冰凌 . 罗芳伯与西婆罗洲的开拓 [M]. 不详 .

十　蔚县：3220 平方公里，345 座古堡

2018 年 8 月 10 日

前几天，受河北省蔚县政府的邀请，我去参加了一场关于蔚县古堡的研讨会。

（一）从《蔚县古堡》说起

蔚县这个地方，说起来也曾经是我的“根据地”之一了。2007 年底，我写过一本名为《蔚县古堡》的书（图 1-10-1）。这本书是我人生中出版的第一本书，所以难免有一些敝帚自珍的特殊意义。

书的出版是在 2007 年，调研和写作时间则要更早一些，大概是在 2001—2002 年期间。在那段时间里，我多次到蔚县做实地调研和测绘，长则十几天，短则三五天，总计下来可能也有两个月左右。这个研究课题，是清华大学乡土建筑学科的开创者陈志华先生定的。选择蔚县的原因，是这里分布着密集的古堡，属于一种非常特殊的乡土聚落类型。这些古堡密集到什么程度呢？当地人的说法是“八百村堡”。所谓八百，是很多的意思，并不是个准数。根据蔚县文物部门于 1985 年做的一个调查，是有将近 300 座村堡。而在前几天的这次研讨会上，一位县领导公布了最新的调查结果，是 345 座。蔚县

图 1-10-1 《蔚县古堡》

的国土面积是 3120 平方公里。这么算下来，每 9 平方公里就有一座古堡。这个数据放到全国，不知道会排在第几位。

当时的我，是第一次承担乡土建筑的专题写作，缺少经验，所以写得比较细碎零散。书稿大的修改有五六次，除了最后一次，每一次从陈志华先生那里返回来的书稿，都是满满的批注和修改意见。现在回想起来，之所以最后一稿的修改意见少，大概并不是因为我写得有多好，而恐怕是因为陈先生担心要求得太严格了，会让我这个年轻人彻底丧失了继续做乡土建筑研究的信心，所以看着差不多，就放了我一马。

陈先生的修改意见里，有一条是让我至今印象深刻的，那就是他反复提到“要写出边关的肃杀之气”。为什么特别强调“边关的肃杀之气”呢？原因也很简单：这里挨着长城啊！从坝上到帝都，短短几百里，三级台地，海拔从 1500 米直降至 50 米。游牧骑兵顺势而下，阻挡他们的只有这薄薄的一道长城，以及沿长城驻守的边关将士。

长城是农耕民族和游牧民族的分隔线，这是历史学常识。东起山海关、西至嘉峪关的长城，基本上是沿着 400 毫米年降雨量的分界线展开的。年降雨量高于 400 毫米，就具备开展农耕作业的条件。低于 400 毫米，就不适合农耕了，只能以畜牧业为生。农耕要“相地而定居”，畜牧要“逐水草而居”，一静一动，属于完全不同的两种生活方式。

长城，就是这两种生活方式的分界线，也标示着两种文明之间的对峙。所以陈先生才会一再地提醒我，要写出边关的肃杀之气。可惜当时的我，还真是力有不逮，没能很好地贯彻陈先生的思想和要求。虽然我已经认识到蔚县的“八百村堡”是农耕民族和游牧民族对峙的一种近乎极端的表现，虽然我也很努力地去查阅了关于长城和边关的历史资料（图 1-10-2），也尽我所能地去仔细观察并且指导学生们测绘了蔚县现存的、有代表性的八个古堡，但是《蔚县古堡》这本书在脱稿之后，给人的感觉仍然是信息过于零散的，并没有紧紧地咬住军事边关这个主题来展开。

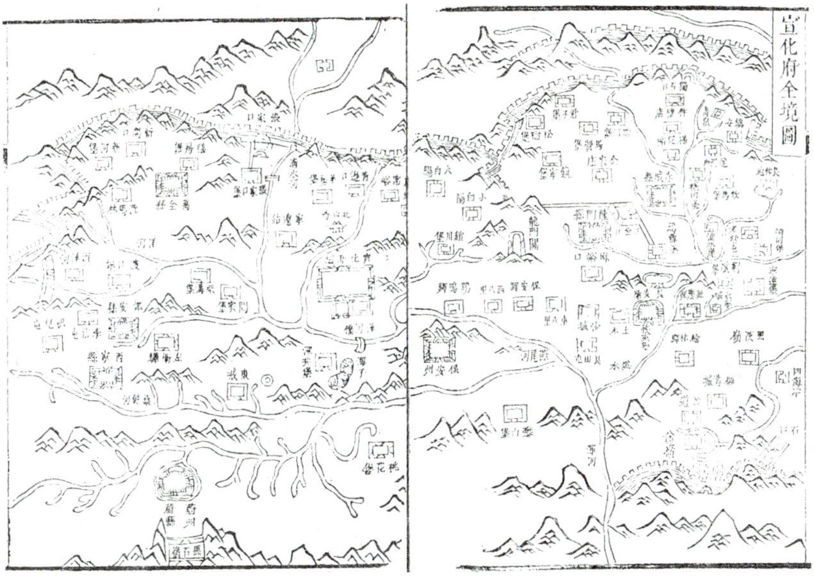

图 1-10-2 《宣化府志》全境图

（二）蔚县古堡的建筑现象

现在，十几年过去了。重新看《蔚县古堡》这本书，除了感觉它有军事边关的主题不够明显这个遗憾之外，我也另外有了一种似乎是更为宽容的理解。为什么当时的我没能紧咬住军事边关的主题呢？除了我个人的认识和能力，或许还跟一个干扰性的因素有关。

这个干扰性因素，就是清廷入关之后的蔚县，经济贸易逐渐繁盛，这在很大程度上分散了我对边关军事的注意力。清廷入关，长城内外就变成了一家，在明代出现的那种农耕民族和游牧民族之间的高度对抗性，即使没消失，也可以说是降到了最低点。我们今天所看到的蔚县古堡，虽然都始建于明代，但都是经过清代和民国这两个时期“修订”之后的产物。

这种“修订”体现在以下几个方面。

首先，是集镇上的店铺增加了。比如暖泉镇，一个集镇上有三个城堡

（图 1-10-3），三个城堡之间原先只有少量店铺，赶集时在空场上临时摆摊成为集市，后来就发展出来一正两副共三条街道，街道两边是密排着的店铺。我至今还记得，为了调研这些店铺在 1949 年之前都是做什么买卖，我守着一个名叫王涣的老人，足足问了三天，一直问到给我当翻译的那位地方干部极不耐烦，以罢工相威胁。

其次，是住宅的建造质量大大提高了。蔚县古堡里有很多是用青砖建造的、砖雕很精美的大宅子，很难想象它们是明代屯军时期就建成那样的，因为在当时不可能具备这么好的经济条件。只有当官的或者经商发财的人家，才可能有这样的实力。当官毕竟是少数，经商才是更多人可选的途径。

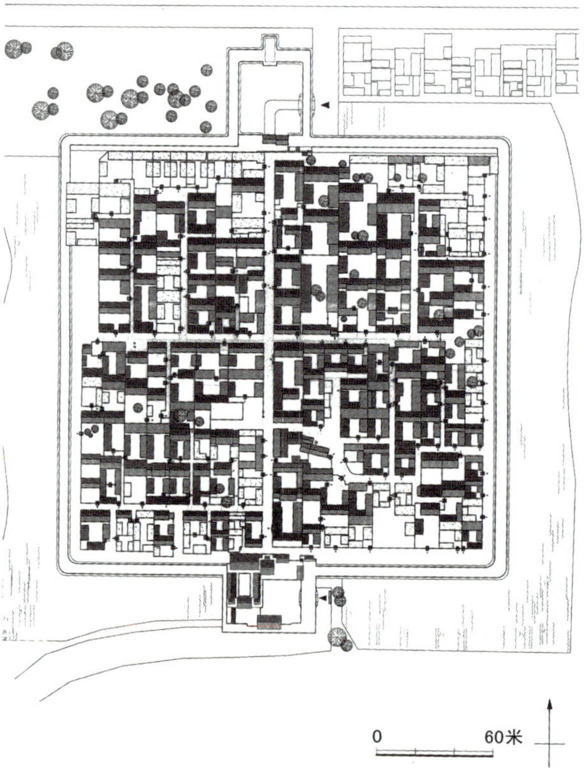

图 1-10-3　暖泉镇西古堡总平面

而经商，主要就是在进入清朝之后。

再次，是庙宇建筑增加了。这同样是因为商人多了的缘故。如果是以军人为主的村落，庙宇也会是有的，但数量不会多，而且通常只会是一些规模不大、建造质量也不高的小型建筑。一般来说，一个村堡，只要在北边建一座真武庙就够了（图 1-10-4）。而现存的蔚县古堡，一个村堡多半有三座以上的庙宇，有的规模还相当大，比如水东堡的龙王庙、西古堡的地藏庵。崔家寨等几个村落，还联手建造了一座规模超大的重泰寺。在蔚州城，城里加上南门外一带，更是出现了一共 96 座寺庙，其中保留至今的玉皇阁、真武庙、关帝庙、释迦寺、城隍庙等，都堪称古建精品。

还有，是出现了很多戏台建筑（图 1-10-5）。戏台在古代是“娱乐建筑”。军人也需要娱乐，所以也可能会有戏台，但数量一定不会多，而且更可能是采用临时搭台的低成本方式，因为演戏跟军事防御毕竟缺少直接关系。古代的中国，不管在哪里，戏台多一定是生活变好了的标志，因为修建戏台固然花费不菲，而养活戏班就更需要有足够强大的经济基础。

以上四个现象，基本上都与军事无关，但全部体现在了建筑上。可以想象，作为一个建筑学专业出身的人，很难不对这些显著的建筑现象给予较多的关注。更何况，关注这些现象，也是符合陈先生一贯主张的对乡土聚落要做整体性的研究。

蔚县的古堡，基本上都建于明代。所以可以这么说，我写的《蔚县古堡》这本书，其实就是关注了蔚县两个历史时期的情况，一个是明代，另一个是清代和民国。明代之前的蔚县，是什么情况呢？我在书里是基本没涉及的，因为研究对象是始建于明代的古堡，明代之前的历史似乎就与我无关了，而且在当时，我能很方便就找到的关于明代之前蔚县的信息，确实有限，而我自己的史学功底又还差得比较多，没能力去梳理较多的历史档案。这次到蔚县开研讨会，参观了新建的蔚州博物馆，倒是在某处种程度上弥补了这个缺憾。

图 1-10-4　从真武庙看北方城村正街

图 1-10-5　宋家庄戏台正面

（三）蔚州博物馆

蔚县领导请我们来开研讨会的地点，有些特殊，不是在酒店，也不是在县政府的会议室，而是在一个博物馆里。刚听说在博物馆开会的时候，我脑子里浮现的还是十年前的蔚县博物馆。那时候的蔚县博物馆，还附着于蔚县的一处国保单位里。这处国保单位，就是县城南关的释迦寺。所谓博物馆，其实就是把释迦寺的几栋厢房给布置了一下，把一些出土文物摆到了里头，再加上一点灯光照明。至于博物馆工作人员的办公场地，是在释迦寺的旁边增加了两排平房。

蔚县博物馆的李馆长是我的老朋友了。早在1999年我第一次到蔚县做戏台建筑调研的时候，就是李馆长做的接待和安排。李馆长从兜里掏出钥匙，打开释迦寺的厢房，领我进去参观文物的场景，至今仍清晰地印在我的脑海里。这回还是李馆长把我们领到博物馆。不是那座附着于寺庙的蔚县博物馆了，而是新建的蔚州博物馆。这是一座建筑面积1.3万平方米的“巨型建筑”。我们是午饭之后坐车去的，在距离还比较远的时候，我还没反应过来，等到了大门口，发现只能对她仰视了。

“投资1.5个亿，是请你们清华的一个师姐给设计的。”李馆长很自豪地一边说着，一边把我们领进了他的“新家”。这个新家之所以叫蔚州博物馆，而不是蔚县博物馆，大概是为了突出它的历史文化地位。蔚县是民国二年（1913年）才有的名字，而蔚州这个名字，则是南北朝的时候就有了，比蔚县大概“年长”1500岁。

1.3万平方米的博物馆，其规模是个什么概念呢？我猜测，在县级博物馆里，排进全国前三位应该是没问题了。即便是一些省级的博物馆，恐怕也没达到这个规模。其实面积和规模只是表象的指标，博物馆里的展陈和藏品才是核心。蔚州博物馆的藏品（图1-10-6），还真是既丰富又成体系的，而且不乏精品，完全配得上她的建筑规模。从远古的动物化石，到石器时代的打制石器、磨制石器、陶器和骨器，到春秋战国时期的青铜器、钱币、武器和生活器具，到汉代的大型明器，到唐代具有波斯风格的塔形莲座陶罐，到辽代南安寺塔地宫的金舍利塔，再到明代的石刻造像和清代的康熙御笔行书轴等。这些藏品纵贯中华民族历史的各个阶段，总数有6800多件，其中有十件是能列入国宝级的镇馆之宝。

这么丰富的藏品，说明了什么问题呢？说明蔚县从很早开始，就已经是一个农业和商贸业都相当发达的地方了。这些产业，以及由此而发展起来的文化，并不是进入清代之后才有的现象。这与我原先的认知是有些错位的。

图1-10-6　蔚州博物馆藏品

（四）蔚县古堡的认知重构

通过写《蔚县古堡》这本书，我得出的关于蔚县的认识，一是在明代，由于农耕和游牧这两大文明的对峙，导致蔚县城堡的大量修建；二是在进入清代之后，由于两大文明从对抗转为交流，商贸业得以发展，从而提高了当地的建筑质量。至于明代之前的蔚县是什么情况，我首先是不太关心，其次是默认为这是一个生活水平比较低、生产力比较落后的地方。

为什么会有这样的“默认”？有可能是受了之前调研山西碛口古镇的影响。在碛口古镇做调研，我学到了一首在山西流传极广的民间歌谣。这首歌谣是这么唱的：“欢欢喜喜汾河湾，凑凑付付晋东南，哭哭啼啼吕梁山，死也不出雁门关。”这几句歌词，描述得实在是形象，不管是谁，只要听一遍就忘不了。汾河湾就是晋中，生活最好，还是清代中国金融业的大本营。晋东南的生活也还不错，也出了不少具有全国影响力的商号。

碛口所在的吕梁山，生活就很艰苦了，不过也还是比雁门关外要好。雁门关在哪儿呢？就在山西忻州的代县。而代县，就在蔚县西边偏南的地方。两地的直线距离，只有200公里。所以，从地理纬度上说，蔚县已经在雁门关之外了。虽然蔚县不属于山西，但是距离已经相当近。这个地方，生活怎么可能好得了呢！

所以，蔚州博物馆丰富的藏品，让我一下子感觉到了“认知失调”。怎么解释这件事？我自己的分析：一方面是民间歌谣可能有点绝对化了——这也可以理解，只有把这四个分区的特点都做极端化的处理，才容易让人记住，而只有好记的东西，才能流传得广；另一方面，所谓“死也不出”的雁门关外，应该主要是指那些海拔比较高，比如达到1500米左右的地方。这个地方，也就是现在人们常说的“坝上”。

坝上不只是年降雨量低，更因为海拔高，农业条件就比坝上往南一点的地方差了许多。我们不妨拿蔚县与坝上的一个地方——张家口市的崇礼区做个比较。蔚县位于崇礼以南约190公里，崇礼海拔1400米左右，年平均气温 3.3℃；蔚县海拔 900 米左右，年平均气温 7℃。蔚县面积 3220 平方公里，目前人口 50 万；崇礼面积 2330 平方公里，目前人口只有 12.5 万。人口数量是一个重要指标，它基本上可以反映一个地方在农业和商业上的综合水平。如果没有出现特别大的影响因素，即使是现在的人口数量，也能反映历史上的状况。蔚县的面积不到崇礼的 1.5 倍，但是人口是它的 4 倍。如果换算成每平方公里的人口数，也就是人口密度，蔚县对崇礼是 3 ∶ 1。

崇礼在宣化之北，蔚县在宣化之南。宣化就是明代九边之中的宣府镇。也就是说，这两个地方，都紧挨着长城，就因为一个在北边，一个在南边，它们的人口密度就相差三倍。长城内外的差别，是不是都这么大呢？我们再来比较一下蔚县和邻近几个县的人口密度。蔚县西北边是阳原县，东北边是涿鹿县，西南边是广灵县。阳原县面积 1849 平方公里，目前人口 28 万。涿鹿县面积 2802 平方公里，目前人口 35 万。广灵县面积 1283 平方公里，人口 19 万。换算一下人口密度，蔚县对阳原是 1 ∶ 1，蔚县对涿鹿是 1.3 ∶ 1，蔚县对广灵是 1.1 ∶ 1。

可见，在蔚县附近，长城南边的几个县，生活水平可能都是相差不远的。三级台地和二级台地，就是有这么大的差别。广灵和阳原的面积比蔚县小，人口也比蔚县少，这三个县的人口密度几乎一样。涿鹿县的面积接近蔚县，但是人口密度就明显要小一些了。综合来看，蔚县的特殊情况在于，她的境内有个面积比较大的壶流河盆地，这使得她的粮食总产量比其他几个县都高，从而能养活更多的人口。

面积比较大，粮食产量比较高，这可不是明清时期才有的情况，而是自古就如此了。而与此同时，由于蔚县紧靠长城，也就意味着她是距离游牧民族最近的、比较大的农耕区，因此又具备了和游牧民族做交易的便利条件。明白了这些，我们就可以理解，为什么蔚县很早就成为了一个农业和商贸业都比较发达的地方。

现在回过头来看明代时期的蔚县，我们将会发现，独特的地理位置和地形特征，对蔚县明代的军事地位又起到了助推的作用。明代长城是东起山海关，西至嘉峪关的“一根线”。其实这个说法并不准确。准确地说，应该是一主一副“两根线”。主线是上面说的这条线，全长6300公里，也是教科书里常说的长城。而副线，则是东起北京延庆居庸关附近、西至山西忻州偏头关的一段长城。这段长城的长度是1600多公里，位于北京西边，是在主线之南再设的，为了加强京师防卫的第二道防线。两段长城，也被称为外长城和内长城。

为什么要设这么两道长城？因为在明代的前期和中期，游牧民族主要是从北京的西北边发起进攻。北京作为首都，如此靠近前线，在这个方向上光有宣府至大同这一道防线是不保险的，需要有第二道防线。

蔚县，就位于这两道防线的里面。这个位置意味着什么呢？意味着两件事。第一件事，随时要做好“牺牲”的准备。第一道防线如果守不住，包括蔚县在内的内、外长城之间的地方，就要做好迎接游牧骑兵来劫掠的准备了。这有点像洪水到来，水位太高了，就不得不选个地方开闸放水，放弃人口少的地方来换取大城市的安全。第二件事，平时还得做好给附近长城边关提供后勤保障的准备。沿宣府至大同一线的城堡，由于所处之地海拔较高，气候寒冷，又以山地为主，农业产出低，是无法满足本地士兵的粮食需求的，必须依靠外来补给。而蔚县所在的壶流河盆地，海拔降至900米左右，地势平坦，农业产出远高于坝上，所以就有了支援前线的义务。

这样的信息，游牧民族的骑兵当然也是知道的。游牧骑兵之所以南下突破长城，多数时候是因为气候变冷，导致牲口大批冻死，自己的粮食不够吃，所以才出来抢劫掳掠。他们志不在夺取政权，所以对北京这个首都其实并不那么感兴趣。反而是蔚县这个“前线粮仓”，更容易成为他们的劫掠目标。而蔚县的人民，和驻守在这里的官兵，对于他们容易成为劫掠目标这一点，也是知道的。为了防止游牧骑兵的侵袭，至少是为了减少损失，他们唯一的办法也只能是在平时就多修建城堡，以便随时等待来犯的游牧骑兵。

问题分析到这里，相信读者也能明白了。正因为蔚县是靠近长城的一个农业生产条件比较好的地方，才使得她在明代的军事地位变得特殊和重要，因此才出现了那么多的城堡。蔚县在历史上的生活丰富性，和她在明代时的边关军事属性，这两个看似分离的现象，其实是一体的。蔚县的问题就讲到这里，接下来是关于长城的延伸性的理解。

（五）长城的延伸性理解

我们今天看到的长城，主要是明代修建的长城，也就是一根主线加一根副线的长城。从战国时期就开始修建的长城，并不是横贯东西的一根单线，而是带有交错性的许多条线组成的“复线”。这可能意味着，农耕与游牧的这条如此明确的分界线，也是到了明代才形成的。在明代之前，农耕民族和游牧民族之间，应该存在着一个边界模糊的、有相当厚度的过渡地带。生活在这个过渡地带的人，具有农耕与游牧的摇摆性或者兼顾性。

为什么会存在这么一个边界模糊的过渡地带？这首先是因为，过渡地带的气候和地理条件本身就既可以用来农耕，也可以用来畜牧。生活在这里的人们，采取农耕和畜牧兼有的方式应该是最为有利的。这里说的兼有，可能是一群人既农耕也畜牧；也可能是一群人在农耕和畜牧之间，根据气候变化等原因而做出摇摆性的选择；还可能是相邻很近的两群人，各自以农耕或畜牧为主，但是双方交换产品以满足各自的生活需要。总之，在这个过渡地带生活的人，对于农耕和游牧这两种生活方式是都能理解的。

上面讲的最后一种方式也说明，农耕民族和游牧民族，是各自手上都有一些对方需要的东西的。游牧民族缺少铁器，日常用的锅碗和战争用的刀箭，都仰赖于农耕民族的手工艺人。游牧民族的饮食也以肉类奶类为主，缺少了维生素。靠种植蔬菜是不现实的了，因为那也是农耕的活儿，只能靠茶叶来补，而茶叶也是来自农耕民族的。茶叶和蔬菜不一样，蔬菜没法保存，而茶叶可以制成砖茶，便于运输和长期保存，从而可以被游牧民族所食用。

游牧民族也有农耕民族所需要的东西。比如说动物皮毛，是极好的用来做成御寒衣物的原料。草原上大量畜养的羊，提供了几乎整个北方的中国人都喜欢吃的一种肉类。还有战马，那可是强盛时期的中原王朝太渴望的战备物资了。

因为互有需要，就少不了来往交流。但是在纯粹农耕的人和纯粹游牧的人之间，由于缺乏共同的思维习惯和生活方式，因而缺乏交流的信任机制。这个时候，生活在过渡地带的人们，就为两种文明的交流提供了缓冲，很多时候他们干脆是直接充当起中介的角色。如果这个有厚度的过渡地带是成立的，那么问题来了：后来怎么就演变成了明代长城的“一根线”呢？

对这个问题，我有这样一个猜测。这是因为，农耕的生产方式不断地北上，一直到把这个过渡地带挤压成了一条窄带。需要强调一点，“农耕的生产方式”和“农耕民族”，这两个表述是有区别的。游牧民族在南下之后，如果想待得住，而不是抢完东西就回草原，那就必须要学习和了解农耕的生产方式，他们要么自己完全或部分地转变成农耕者，要么设法和当地已有的农耕者和平相处。这事解决不好，就会造成巨大的社会动乱。历史上的“五胡乱华”，就是实例。

农耕民族没有骑兵，机动性和战斗力原本是远不如游牧民族的。但是农耕的生产方式有一个巨大的好处，那就是同样的土地面积，粮食的产量远高于草原，从而能养活的人口也要多得多。人口多，如果再遇上比较强有力的政府，就可以发挥出组织优势，比如发动和组织大伙修建城堡，这样就可以抵抗住游牧民族的骑兵了。打不过，我可以守啊。关起门来，躲在高墙里，只要一两天不出来，再厉害的骑兵也拿我没辙。就这样，一方面是农耕民族每往前蹭一步，就修建一个城堡，另一方面是游牧民族南下，把自己部分或完全地转化成了农耕者。如此这般，几百上千年下来，就把那些既能种地又能养羊的地方，几乎全都变成了以种地为主的地方。只有在完全不能种地的地方，农耕者才会停下他们的脚步。长城，就是农耕者的界限。

十一　永泰庄寨是一种什么样的建筑

2018 年 9 月 7 日

2018 年 8 月 29 日，乡村复兴论坛在福州市举行了一次新闻发布会。这次新闻发布会的主要目的，是通告 2018 年的第三次乡村复兴论坛将于 12 月 28 日至 31 日在福建省永泰县的白云乡竹头寨和嵩口镇月洲村举行。发布会的召开，也标志着乡村复兴论坛组委会进入了正式而紧张的会议筹备状态。

（一）中国乡土，福建第一

把乡村复兴论坛开进福建，可以说是我们的一个夙愿了。原因很简单：福建的乡村文化资源，实在是太好了。我本人从 2000 年前后开始从事乡土建筑研究的时候，就了解到一个学术圈里“半公认的常识”：世界乡土，中国第一；中国乡土，福建第一。

这里说的乡土，是“乡土建筑”的简称。乡土建筑是流行于国际建筑学界的一个专用词汇，英文是 Vernacular Architecture。Vernacular，即本土的、地方的，它区别于古典的或经典的（Classical），也通常区别于城市的。在中国，乡土建筑有一个更为通俗的名称，叫“民居”。关于乡土建筑和民居，在国内学术界还曾经有过一段争论。这段公案现在回顾起来，也是很有意思的，这个话题以后我们有机会再展开解读。

我们说“世界乡土，中国第一”，那是因为，从世界文明史的角度来看，中国的农耕文明是最发达的，孕育了丰富多样的乡土建筑。关于这一点，陈志华先生于2007年发表过一篇文章，题目是《中国乡土建筑的世界意义》。我个人认为这是一篇极有学术思想的论文，建议对乡土建筑有兴趣的读者都去找来读一读。

陈志华先生对于中国的乡土建筑，有很多深刻的理解和观点。其中一个观点就是，中国的乡土建筑是以村落为单元而存在的，不同类型的乡土建筑在村落里形成互相支撑的有机体，所以研究中国的乡土建筑和保护中国的乡土建筑，也都要以村落为单位，这样才可以实现整体效益的最大化。可以这么说，这个观点为后来以冯骥才先生为代表的专家们向高层建议开展传统村落保护，打下了坚实的理论基础。从这个角度讲，在中国，乡土建筑就是传统村落，传统村落就是乡土建筑。

“中国乡土，福建第一”，这话又从何说起呢？难道第一不应该是传统村落最多的云南？或者，历史上文化更发达的浙江？又或者，同样是曾经文化发达的江西？再或者，晋商的大本营——山西和徽商的大本营——安徽？

我们说福建第一，原因主要有两个。首先，福建的地理特点，决定了她在历史上扮演了类似于“时光容器”的角色。福建东邻大海，西面和北面有大山将其与中原阻隔。福建与中原王朝统治中心的物理距离，可以说是不远不近，这就导致福建与中原王朝经常会形成一种若即若离的关系。相比之下，浙江因为地理位置上更靠北，而且大运河连通了杭州和北京，使得中央王朝对浙江既重视，也更加容易控制——这个影响的结果是两方面的，一是浙江的经济和文化都得到了充分的发展，二是浙江的文化与中原的主流文化比较接近；而江西，则因为有赣江、鄱阳湖连通至长江，也早早就跟中原主流文化相融合了。历史上，每当中原地区出现大的动荡，中原人民就会大举南迁，他们进入南方山区，找到适合生存的安全之地，才会停下脚步，重新安居乐业。这里说的南方山区，福建就是一个重要组成部分。而不同时期的中原文化，也是有所区别的，在不同时期来到福建的人民，携带了不同时期的中原文化，它们都在福建境内得以不同程度的保存。久而久之，福建就成为一个“时光容器”。

第二个原因，是福建多“自治社会”。福建境内多山，内部交通不发达。除了福州、泉州等重要的中心城市，中央的政治势力是很难渗透到福建山区的，也就无法形成完全有效的控制。这些“自治社会”，互相之间也是交流不多的，所以能保持相对的文化独立性，不会被整合成一个大的、一致性的文化。当然“自治社会”的存在，也跟前面讲的“时光容器”发生了耦合作用，使得不同时期从中原地区传来的文化能够在福建找到落脚地，它们既能在较长时期内不发生根本性的改变，又能够部分地与当地文化发生不同程度的融合与再创造，从而形成丰富多样的文化面貌。

（二）注重防御

这样的“自治社会”，还有一个特点，就是特别注重防御。这一点其实也好理解，因为官府的势力管不到这些地方，安全问题就只好靠自己了。不过，福建还是有她的特殊之处。我们拿福建山区的村落跟西南山区的村寨做一个简单的对比就清楚了。从整体上看，福建山区村落的防御水平，比起西南山区村寨来，可以说是不同量级的。西南山区也缺少官府势力，安全问题也只能靠自己解决，但是我们在西南山区很少看到土楼那样的大型防御性建筑。

要解释这个差别，还得回到福建跟中原之间的关系。正是从中原地区传来的、比本土先进的建造技术和组织能力，才让福建山区村落的防御问题发生了升级和迭代。可以想象，没有大型夯土技术来建造城堡，也没有儒家理论来统合思想，仅仅是依靠“纯朴的人民”，战斗力通常是相当有限的——尽管偶尔也会爆发成规模的“起义”，但这毕竟是很少出现的特殊情况。如果大家都没有这样的“先进武器”，那也可以维持在一个低水平的平衡。但是一旦其中有一家在武器装备上实现了“技术升级”，其他各家也会不得不跟进，否则就有被消灭的危险。这应该就是我们在福建会看见那么多防御性强大的建筑类型的原因。

“时光容器”加“自治社会”，体现在福建的乡土建筑上，就是类型多样、内涵丰富，而且注重防御。2014 年住房城乡建设部组织编写过一部名为《中国传统民居类型全集》的书，其中收集了福建省的传统民居一共 10 大类、35 小类。只要把这些民居类型简单地过一遍，就会发现福建各地传统民居的样式变化之大，是国内其他地方很难见到的。要知道，福建只不过是一个面积 12.4 万平方公里的小省，在全国 34 个省级行政区域中排在第 23 位。

我本人并不是研究福建民居的行家，所以对这些民居类型并不能做出有深度的分析。在这里，我想从一个横向的角度来谈一个跟永泰县有关的体会。这个横向的角度，就是从闽东福州到闽西南龙岩的民居类型过渡。福州到龙岩，距离只有 320 公里，气候完全一样，但是你能看到五种截然不同的建筑类型。在闽西南的龙岩，是著名的土楼；在闽中的三明，是土堡；在闽东的福州，是大厝；而在闽中和闽东之间，就是永泰的庄寨。在庄寨附近，还会有很多中小型的合院民房。

这里说的五种建筑类型的分布，只是大致的范围。实际上它们并不是截然分开的，在分界地带常有交叉分布的现象。

（三）土楼和土堡

土楼不用我细说了，自从 2008 年福建土楼申遗成功之后，就已经被公众了解。土堡和土楼只有一字之差，光从字面上是看不出差别的。实际上，把一个典型的土堡和一个典型的土楼摆到一起的时候，一般人也得多看几下才能找出区别。它们都是用一圈夯土墙（有时候还加上石头墙）围成的大型民居。土堡的规模一般比土楼要小一些，围墙的高度也要低一些。更大的区别是里面的房屋。土楼的房屋是用来永久居住的，而土堡的房间只用于临时居住——有土匪侵袭的时候，全村人都集中到土堡里，每家一个小房间，住上几天。这种临时避难用的房间，自然是成本越低越好，实际上很多土堡里面的房间就只有几平方米大。

所以，土楼和土堡的最大区别，其实并不在它们自己，而是要放到整个村落来看。土楼村落，整个村是由若干个土楼加上一些小型民居组成的，土楼是主体。而土堡村落，整个村落是由很多院落型民居加上一两个土堡组成的，院落型民居是主体。这两种聚落形态，对应着两种完全不同的生活方式。土楼村的生活是近似于兵营式的，大家过的是集体化的生活，小家庭的私密性被压缩到了最低。而土堡村的生活则是以小家庭为主的，平时田园牧歌，特殊时刻才过上几天集体化的生活（有些以“堡”命名的大型庄园建筑，笔者认为从建筑类型上不应归入土堡之列，后文会讲到）。

土楼和土堡还有一个区别，那就是土楼通常是“空心”的，而土堡通常是“实心”的。所谓“空心”，就是中间没有房屋，是空场。所谓“实心”，就是中间有建筑，土堡的中间通常建有类似于祠堂大厅的建筑。土楼保留这个空场是有道理的，因为可以用来晾衣服、晒稻谷。土堡为什么要做成“实心”呢？既然只是临时住几天，似乎没必要在土堡中间建房啊，而且建得还挺讲究，这个建造成本可不低。

我自己的猜测，大概有三个原因。一个原因是，大厅也是有作用的，既可以用来临时居住，也可以在临时避难的时候召开“村民代表大会”。另一个原因是，有大厅和没大厅的土堡，给人的印象很不一样。有大厅的土堡，给人很“正式”的感觉。这种正式的感觉，在平时可以让村民们觉得踏实，从而更愿意花钱、花人力来修建和维护，而在土匪入侵的时候，它或许可以增加土堡给土匪们造成的心理震撼，从而让土匪们更早放弃对土堡的围攻。第三个原因，就要说到庄寨这个建筑类型了。讲到这里，本篇文章的主角——永泰庄寨，也终于登场了。

（四）永泰庄寨

与土楼、土堡一样，庄寨也是一种用夯土墙或石墙围起来的建筑（图1-11-1）。典型的庄寨，是由一圈围屋加上里面的厅堂、堂屋和横屋组成的；厅堂又分上堂和下堂，有时候还有中堂；堂屋是紧挨厅堂的房屋；横屋是位于围屋和堂屋之间、方向跟堂屋垂直的房屋，有的庄寨的围屋跟横屋是相结合的；围屋的外围墙通常是两层高，上半部为夯土墙，下半部是石头墙；有的庄寨的围屋在四个角上还建有角楼，也称炮楼。

庄寨这种类型的民居建筑，在闽中、闽东一带分布挺广的。目前看来，似乎是以永泰县为中心，在附近的十来个县市都有。根据县政协副主席张培奋先生告诉我的信息，永泰县现存的庄寨，总数有二百多个。这个数量肯定是不少了，但是能占到全省或者该区域内总数的多大比例，那就还需要做详细的调查才知道。

"庄寨"这个名称，乍听起来也会让人感觉有些奇怪。庄和寨并称，到底是什么意思？张培奋主席是这么跟我解释的："庄寨，内为庄，外为寨；文为庄，武为寨；自己叫庄，外人叫寨。"如图1-11-2、图1-11-3所示，所谓"内为庄，外为寨"，说的是庄寨的建筑形象，从里面看是庄园，从外面看是寨堡。也就是说，庄寨的内部体现的是生活性，而外观则体现了防御性。所谓"文为庄，武为寨"，说的是庄寨的内部空间格局，强调了儒家文化所推崇的礼仪和秩序，而外观上，则体现了防御的军事属性。所谓"自己叫庄，外人叫寨"，说的是有的庄寨，大门的门匾上明明写的是某某庄，但是当地老百姓还是会将它称为某某寨（比如永泰县同安镇三捷村的仁和庄，又被称为青石寨）。

我自己的认识，"自己叫庄，外人叫寨"这个现象是特别有趣的。庄的意思应该是（或者至少是接近于）庄园，它的主人叫庄主。庄主这个称谓，就有点让人肃然起敬的感觉了，他不但有较强的经济实力，还要敢于肩负必要的社会责任，经常是上能连通官府，下可庇佑一方。金庸先生笔下的

图 1-11-1　庄寨里的孩子（摄影：张培奋）

图 1-11-2　仁和庄（摄影：张培奋）

图 1-11-3　中埔寨（摄影：张培奋）

庄主，不少还是豪气干云的大侠。

而寨呢，通常能让人想起“山寨”。我们现在说的山寨，是盗版的俗称。在古代，寨有三层含义，第一层是指驻兵之地，第二层是指民间自发修建的具有避难性质的建筑物，第三层就指强盗聚集之地的山寨了。山寨换个说法，就是一种非正规的军队，是“盗版”的军队。山寨的主人叫寨主，这就很明显是指强盗头子了。在这里需要指出的是，中国古人眼里的强盗，并不完全是坏人。强盗如果是劫富济贫，那就成为好汉了。在官府管不到的地方，或者遭逢官府腐败的世道，老百姓往往会把希望寄托在好汉身上。四大名著里的《水浒传》，讲的就是一帮强盗和好汉的故事。宋江率领众好汉三打祝家庄，可以说是发生在“寨”和“庄”之间的一场大战，而且最终胜利的一方还是“寨”。

明白这一点，我们就可以理解，庄寨合并起来当名字的好处了。庄，代表的是日常生活，是礼仪秩序，是向上的文化认同。而寨，体现的是特殊时期的军事意义，是向下的威慑和拉拢。永泰这个地方，距离省城福州只有几十公里，但是又地处山区，所以她既要向省城的大传统靠拢，又要兼顾山区本地的小传统。庄寨这个名称，用在这里实在是太合适了。

解释完名称，我们回过头来接着看庄寨的建筑（图 1-11-4、图 1-11-5）。有的时候，光从形态上看，是不能一下就区分出庄寨和土堡的。它们不但从外面看起来相似，连进到里面看，也相当接近，因为土堡和庄寨一样也有厅堂。

（五）土堡和庄寨

按照我自己的认识，区分土堡和庄寨，关键是看里面的房屋是永久性的，还是临时性的。庄寨是永久性住房，而土堡是临时性住房。在庄寨里面，不但有厅堂，还有住房。它的住房是分等级的，有长者住的堂屋（这里最靠近中心位置，通常采光也最好），有晚辈住的横屋，还有供地位更低的人或者用于储藏粮食的围屋。大多数庄寨的厅堂，在建造上都是比较考究的，有比较繁复的装饰。而土堡的临时性住房，就没那么多讲究了，构成围屋的是简单的、面积很小的房间，厅堂也没有繁复的装饰。

有的土堡，由于村民们重视，而他们在当时恰好又有比较强的经济实力，并且他们对“临时”的要求，也不是三五天，而是更长的时间，那就会把土堡建造得质量比较高，有时候还配上了角楼。这样的土堡，看上去就

图 1-11-4　昇平庄（摄影：张培奋）

图 1-11-5　和城寨（摄影：张培奋）

更像庄寨了。但是只要抓住“房屋是不是永久居住”这一点，还是能判断出它是土堡，而不是庄寨。

还有的土堡，虽然名称上有“堡”这个字眼，但它们并不是用来临时避难的建筑，而是永久性的住房。在学术分类上，此类建筑我个人觉得应该归入庄寨了。比如著名的永安市安贞堡，是一个国家级文物保护单位。它是当地一位姓池的乡绅，于 1885 年开始，耗时 11 年而建成的超大型民居，占地约 1 万平方米，房间二百多间，堡内大小厅堂、卧室、书房、粮库、厨房、厕所一应俱全，还有水井和完善的下水道系统。这个安贞堡，显然不是临时性的住房，而是按照百年大计来筹划和修建的地主庄园。

需要再次说明，我们在这里说的土堡和庄寨的分类法，是基于用永久性居住和临时性居住来作为划分标准的。如果不考虑永久还是临时，只看建筑形态，土堡和庄寨之间确实难以划出一道明确的界限。

其实这种类型与名称不相符的现象，在科学界也是存在的。比如熊猫，实际上是熊，但是名称是却叫“猫”。还有鲸鱼，实际上是哺乳动物，但是人们还是习惯性地管它们叫“鱼”。民居建筑的分类，一直是个难题，出发点不同，分类的标准也不同，得出的结论也就不一样。我这里提供的分类方法和列举的生物界的例子，也还只是基于个人的思考，远不是学术共识。

由住房的永久性和临时性，我们也能推导出土堡和庄寨的另一个可能是更为本质性的差别。土堡通常是全村共建的，而庄寨通常是村内某个家族自建的（遇到紧急情况时，也会收容不是本家族的村民）。庄寨和土堡的占地面积，大多在 2000 ~ 4000 平方米之间。这个规模的庄寨，房间数量一般是几十个，可以满足一个大型家族的居住，再多的人口就容不下了。而同样规模的土堡，房间可以上百个，可以容下全村人口。

从这个角度接着往前推，土堡村和庄寨村的聚落形态也是有差别的。土堡村是由很多院落型民居加上一两个土堡组成的，村落的主体不是土堡，而是小型和中型的院落型民居。庄寨村，大概有两种形态。一种是很小的自然村（或者村民小组），由一两个庄寨就构成了一个村落。比如乡村复兴论坛·永泰庄寨峰会的会场之一——白云乡的竹头寨，就是由建于明代（或者清初）的上寨和建于晚清的下寨组成的。居住在这两个庄寨里面的人，也都是建造者的后代。竹头寨外围有一些小型的传统民居，它们是很晚才出现的。

另一种形态，是一个村落由许多中小型院落居居和若干个庄寨构成。这种村落的规模比较大，形态也显得比较复杂了。根据当地一位专家的说法，永泰历史上的庄寨，曾经是每个村都有四五座的，它们分布在村子的各个角落，互为犄角，同时与其他民居也保持一定距离。这个还有待进一步调查和证实的说法，至少听起来是符合逻辑的。庄寨的建造成本不低，它不会凭空出现，应该是这个地方先有了少量小型院落型民居，等到某一家出了有能力和号召力的人物，由他带领着家族成员（通常是儿子们），在附近择地新建起一座庄寨；再往后发展，随着村内人口的增加，小型院落民居也会逐渐增加，而庄寨则总是要等到一个有能力的人物出现，才有可能建造。就这样，时间一长，就形成了一个村子在不同角落有几个庄寨的布局。

那些看起来是单独的庄寨，其实是建造者在选址的时候，选了一个距离原有民居比较远的位置，后来就演变成了独立的自然村。

现在我们回到前文提及的，土堡为什么是实心的第三个原因。这个原因就是土堡和庄寨的分布范围很靠近，而且有相当程度的重叠，所以难免互相影响。土堡这种建筑，如果只有一圈临时性住房，平时又没人居住，跟附近的庄寨比起来，形象上就难免显得有些“寒碜”。人比人得死，货比货得扔。全村人一起努把力，把土堡里的厅堂加上，只要有决心，这倒也并不是一件多难的事。

（六）庄寨和大厝

以上讲的是庄寨和土堡的区别。那么，庄寨和闽东大厝，又有什么区别呢？我本人在闽中和闽东的福州及其附近出差过几次，实地看过一些庄寨和闽东的大厝。根据我的粗浅印象，这两种类型的建筑，最大的差别是防御性的强弱不同。庄寨的防御性比较强，围墙一般是两层或者三层高，墙厚也在 1 米左右，下半部分经常是用大石头砌筑，有的庄寨有角楼，有的庄寨的围墙还布满枪眼，还有的庄寨沿着围墙有一圈走马道（走马道并不是走马的，而是一圈走道，可以让人快速通行，以便调动兵力对入侵者发起反击）。闽东大厝虽然也有防御性，但是强度上就明显降级了，很多大厝的围墙只有一层高，有的是夯土的，有的则用青砖砌筑的，墙的厚度也只有 30 ~ 50 厘米。角楼、枪眼、走马道这些专门用来加强防御的设施，在闽东大厝里是比较少见的。

以上从福州到龙岩这条线上的几种乡土建筑类型，进行了一次对比性的梳理。需要强调的是，在做对比时所采用的两条线索，一条是建筑本体的对比，另一条是将建筑放置于聚落整体后的对比。另外，由于福建的乡土建筑类型极为丰富，本篇文章为了突出重点，做了大大的简化工作，有很多细分的建筑类型都被忽略了。这一点，相信行家们一眼就能看出来，我也希望得到行家们的批评和建议。

参考文献

[1] 中华人民共和国住房和城乡建设部 . 中国传统民居类型全集 [M]. 北京：中国建筑工业出版社 2014.

[2] 戴志坚，陈琦 . 福建土堡 [M]. 北京：中国建筑工业出版社，2014.

[3] 陈志华，贺从容 . 安贞堡与福建西华片民居 [M]. 北京：清华大学出版社，2007.

第二章

实践出真知

一　聊聊乌镇的“戏”引力

2017 年 11 月 3 日

乌镇戏剧节，今年已经是第五届了，它是由乌镇总裁陈向宏先生和演员黄磊、导演孟京辉、赖声川共同发起的一个文化节日，在行业和社会中都产生了巨大的影响，甚至是国际影响。国际上的戏剧节有很多，但作为一个仅有五年历史的后起之秀，乌镇戏剧节能取得现在的成绩，是特别了不起的。

我不是戏剧爱好者，更不是戏剧行业的专业人士。只是想从乡村遗产的角度，谈一谈戏剧节作为一个文化事件，对遗产事业起到了怎样的作用。

前段时间，陈向宏先生在混沌大学上做了一次演讲，分享了他十几年来怎么把乌镇做起来的经历。简单说来，乌镇的发展可以分为三个阶段：观光阶段、度假阶段和文化阶段。

（一）观光阶段

在观光阶段，关键词是“整体风貌”。所以这一阶段的主要工作是拆房子，重点是拆除那些对传统风貌起到负面作用的小洋楼。有过实际经验的人都知道，这项工作的难度和阻力是非常大的。但是乌镇在这一项工作上完成得很好、很彻底，用陈向宏先生本人的话说，就是“有人泼大粪也要拆”。因为风貌控制得好，所以乌镇东栅的观光业就能发展起来，这让它在古镇众多的江南地区占得了一席之地（图 2-1-1）。

图 2-1-1　乌镇风貌

（二）度假阶段

第二个阶段是度假。陈向宏先生很敏锐地判断出，中国旅游业在 2010 年左右就会从观光转向度假。度假的关键词，就和观光大不一样了，不是风貌完整，而是“夜晚”。能把人留下来过夜，才叫度假。为了实现“夜晚”的目的，乌镇采取了两大策略。一个是高水平的灯光照明设计，这让乌镇有了两个反差强烈的面貌，白天的乌镇和晚上的乌镇。夜色里的乌镇（图 2-1-2），确实是让人有梦幻之感的。另一个策略，是让遗产界至今都有批评声音的措施：西栅的居民被迁出来，安置在旁边新建的居住区里，然后整个西栅都变成了客栈区。关于迁出居民的得失，在这里先不做评述，可以得出结论的是，有这两大举措为前提，乌镇就得以在西栅推行专业而细致的运营、管理和服务，从而让度假的功能得到彻底的实现，也让乌镇实现了第二次飞跃。它在众多的江南古镇中脱颖而出，成为与周庄并列的两大古镇品牌。

（三）文化阶段

乌镇的第三个阶段是文化。这个阶段的关键词，就是“戏剧节”（图

2-1-3）。前两个阶段，虽然水平很高，但还只是满足了功能。观光和度假，都是经济发展到一定程度就必然会出现的社会需求。这种社会需求是相当具体的，你只要设法去满足就可以了。而在第三个阶段，就特别需要创意，而且充满了偶然，也一定伴随着相当大的失败风险。文化是个很宽泛的东西，搞个传统的庙会，也是文化。搞个学术研讨会，就更是文化。乌镇为什么就选择了戏剧节呢？很难想象，如果不是黄磊和刘若英恰好在乌镇拍了一部收视率还可以的电视剧，如果不是黄磊恰好提了个戏剧节的建议，而且还亲自出任“二当家”，同时把孟京辉和赖声川这两位大导演给请来当主创，光靠乌镇自己，就能整出一个戏剧节来？

当然，这里头最重要的还是乌镇的总裁陈向宏先生本人，是他有这样的胆识、气魄、耐力和视野，才让他敢于尝试前人未做过的这么一件事。

事实证明，乌镇的戏剧节这么几年办下来，是相当成功的。我认为，是戏剧节让乌镇突破了发展的天花板(图 2-1-4)。她已经甩开国内其他古镇，俨然成为一张国家的名片。

乌镇戏剧节还让我想起了另一层次的问题。这个问题就是：古村和古镇，从资产的角度来讲，其实是相当“重”的，因为它们的保护成本、修缮成本和维护成本都非常高；面对这样的重资产，只有在给她配上足够“厚”的文化时，所有的投入才显得平衡和匹配。这里讲的足够“厚”的文化，既指文化的内涵要深，也包括文化的受众要广，过于小众不行，过于肤浅也不行。

图 2-1-2　乌镇夜景

图 2-1-3　乌镇戏剧节活动照片
（图片来源于乌镇官方网站）

图 2-1-4　乌镇生活场景

二　听着昆曲聊建筑，走进昆山话复兴

2017年12月8日

前段时间去了一趟江苏昆山，参观学习了崔愷院士设计的两个乡村设计作品——西浜村的昆曲学社和祝甸的砖窑改造。这两个作品的设计图和照片，我早在两年前就见到了，一直就想到现场看看。这次终于实现了这个愿望。

（一）昆曲学社：留住乡愁，传承昆曲

先来看昆曲学社（图2-2-1、图2-2-2）。昆曲学社所在的西浜村，据说是昆曲文化发祥地，也是元代著名戏曲家顾阿瑛的生前居住地。但实际上，在崔愷院士进地做设计之前，西浜村实际上是一个传统风貌基本消失，昆曲活动面临失传的村落。崔院士及其设计团队在这个村子，做了一个中小型的设计项目。他们将四栋荒废的老房子加以重建和改造，变成了一个占地面积约2700平方米、总建筑面积约1400平方米的综合性建筑。这里有乐理教室、戏台、舞蹈练习室、宿舍、教师办公室等，还有半开放的活动室。

我们是在黄昏时分到达昆曲学社的。暖暖的灯光亮起，湛湛的蓝天尤在，这是建筑摄影人最喜欢的时刻。于是我就抓紧时间，上下奔窜，拍了好些照片。尽管是手机拍的，效果也相当不错。尤其让我感动的，是一层和二层的活动室里，有学员正在排练（图2-2-3）。一层是几个小女生，在练习柔美的旦角。二层是几个小男生，在练习生猛的武功。等我们安坐落定，东道主还特意让学员们即兴表演了一小段《牡丹亭》，很短，但是感觉很好。

图 2-2-1　昆曲学社外景 1
（摄影：郭海鞍）

图 2-2-2　昆曲学社外景 2
（摄影：郭海鞍）

图 2-2-3　在昆曲学社内练习的学生
（摄影：郭海鞍）

昆曲学社是基于村子原本存在的文化传统——昆曲而增加的一个物质空间。她的基本功能是昆曲的教学和练习，同时也是一个具有参观集会功能的建筑。这种功能上的兼容对于昆曲融入社会是非常重要的。由于时代变迁，现代人对于昆曲已经不可能像古时那样易于理解和乐于接受。昆曲学社的开放功能，使得她能制造出一种“触碰式”的交流机制——到访者可以不必先深入学习昆曲，就直接欣赏到昆曲的美。这对于昆曲的普及极为重要。

在设计手法上，这栋建筑使用了大量传统的材料（图 2-2-4）。最明显的就是那些无处不在的竹子。她服务的是传统的昆曲练习，但是又有大量的或透明、或半开放的场地与空间。在体量和造型上，她也呼应了周围的村落建筑形态，同时在空间处理上又极为流动和丰富。

这个高水平的单体建筑设计项目，仿佛是为当地业已式微的昆曲传统和本已衰败的村落面貌打了一针强心剂，让人看到了传统和特色归来的希望。随着建筑落成后所带来的文化影响力的扩散，委托方昆山城投公司也意识到她潜在的重大意义，于是将建筑的日常运营交付给了一家专门做艺术策划的公司。而后者的到来，又保证了建筑得到高水平维护，这对于师生教学和到访者体验都十分重要。

（二）祝家甸，一座古砖窑的蜕变

祝家甸村位于昆山市锦溪镇西南方的长白荡南岸。长白荡的荡，是当地人对大面积水体的叫法。祝家甸是一个有着 300 多户人家的村庄，这里的村民，历史上以烧制窑砖为生。村内保留有一个规模相当大，但现在已经废弃的老砖窑。在崔愷院士入地做设计之前，祝家甸村也是一个传统风貌基本消失，传统烧砖业面临失传的村落。

崔院士及其团队将荒废的老砖窑加以恢复和改造，使其成为基于传统产业，但又是新生长出来的一个物质空间（图 2-2-5）。这栋建筑完全保留了原有的骨架和墙体，还找来了村里的老工匠，对底层的砖拱进行了非常

图 2-2-4 [illegible]

地道的修复和加固。屋顶恢复了瓦顶，但也增加了特殊的顶部采光设计。阳光灿烂的时候，光斑洒落在室内，制造出很有趣味的光影效果。另外，依托于砖窑巨大的内部空间，设计师安排了可灵活布置的功能布局和家具陈设，这就把会议和展览功能引入了这栋建筑（图 2-2-6）。

可以说，不管是在文化遗产保护上，还是在建筑空间设计上（图 2-2-7），这都是一个专业水平相当高的项目。项目建成后，很快就获得了行业内的高度认可，在社会上也引起了相当广泛的影响。在砖窑旁边，不久即新建了一个民宿，是由莫干山一家知名的民宿品牌入场运营的。运营方还利用砖窑底层的一个角落，开辟了一处书屋和一个西餐厅，这也使得建筑的业态更为完善。

这一系列的操作，带动了当地的旅游观光，更重要的是激发了当地政府和村民的文化自信。截至目前，祝家甸村已经有七成村民回流本村，实现了本地就业。

崔愷院士工作室的郭海鞍主任还向我透露了一个小“秘密”。这两个设计项目原本是没有的，是崔院士团队被甲方邀请来做其他项目期间，“发现”了这两个村子，并且建议甲方要做这两个建筑。一开始，崔院士的团队是从乡村复兴的社会意义的角度，来试图说服甲方，也就是昆山城投公司。但是这个努力并不成功。后来，他们换了个说法，问甲方“要不要拿出一千万来，尝试一下新事物”。没想到这句话一下就打动了甲方，马上就接受了。这一尝试不要紧，结果是诞生了两个杰出的乡村设计作品。它们已经是昆山的两个文化地标。

昆山是个工业极发达的县级市，2017 年的 GDP 是 3100 多亿，已经连续六年在全国排第一。经济这么发达的地方，太需要文化来“中和”一下了。这关乎本地的文化自信，也关乎长远的发展动力。在昆山，应该出现更多像昆曲学社和祝家甸砖窑这样的文化项目。

图 2-2-5 祝家甸砖窑外观
（摄影：郭海鞍）

图 2-2-6 祝家甸砖窑会议场景
（摄影：郭海鞍）

图 2-2-7 祝家甸砖窑室内
（摄影：张广源）

三　三瓜公社的电商之路

2018 年 1 月 26 日

上周末，我去了一次安徽巢湖的半汤（图 2-3-1），学习到一些关于半汤乡学院和三瓜公社的知识，感觉很有收获。

半汤是一个因温泉而得名的地方，这里的温泉在历史上非常有名，据说是古代“四大温泉”之首。半汤乡学院的前身叫半汤商学院，是一个以在农村办电商培训、为农村培养电商人才而著称的商学院，近年来办得红红火火，在乡村建设领域可以说是独树一帜。

半汤乡学院不只电商培训办得火，在实践领域也是成绩斐然。这里有个“三瓜公社”（图 2-3-2），也是近年来在乡村建设领域赫赫有名的一个案例。我曾经多次听乡建界的朋友们跟我讲到三瓜公社，其中包括一些我非常尊重的乡村建设界的前辈。比如孙君老师，他不但推荐，本人还亲自担任了半汤乡学院的校监，可见他对这里的高度认可。2017 年 6 月，我们在贵州台江交宫村和红阳村举办的乡村复兴论坛，也请过半汤商学院的院长陈民利老师来做过演讲。陈老师的演讲得到参会者的高度评价。

有众多乡建界的“大咖”为半汤乡学院和三瓜公社背书，我自然会相信，这一定是一个很好的乡村案例。我对电商是个外行，对农村电商就更是个外行。但正因为是外行，我就一直很好奇，也一直想搞明白，三瓜公社是怎么用电商来搞乡村建设的？而这种做法，对于全国其他地方的乡村是不是有很好的借鉴意义？

在来半汤之前，我也查找过关于三瓜公社的一些信息，了解到这个项

图 2-3-1 半汤鸟瞰

图 2-3-2 三瓜公社

目是由淮商集团与当地村民合作。其实在 2017 年 11 月，我还专门去听过淮商集团的董事长、也就是江湖人称“瓜叔”的刘浩先生在北京的一次演讲。瓜叔的演讲内容很丰富，也很富于感染力，但是依然没能让我弄明白电商和乡村到底是什么个关系。

带着这个巨大的疑问，我这次来到半汤，就专门约了瓜叔，让他在会后，用一个下午来跟我详细地讲了三瓜公社这几年来的整个历程。我感觉，可能只有把整个历程都理清楚，才能把电商的作用搞明白。瓜叔带着他的一位副手，跟我谈了两个多小时，总算是基本解决了我心中的疑惑。三瓜公社的电商确实算得上抓手，但是回顾她这几年来走过的道路，我认为更重要也更有启发意义的事情，是她在相当程度上破解了一直以来都普遍存在的村企合作的难题。

（一）为什么村企合作是个难题？

要理解这一点，还是要先明白为什么村企合作会是个难题。这里说的村，是指本地村民（包括村委会）。这里说的企，是指外来的企业。为什么外来的企业很难和本地的村民合作呢？原因有很多，我试着列上几条。

1. 产权有限制

我国宪法有规定，农村土地归村集体所有，不得转让。关于这一条，很多市场派的专家一直在批评，认为这妨碍了市场要素的自由流动，从而阻碍了经济的发展。三农专家则认为，除非政府让农民享受到跟市民一样的社保，否则就不可以放开农村土地产权。观点的对错，先不做评论，只是当个背景。目前的现实就是这样，至少暂时还不能突破。产权不能转让，企业就没法做整体而长期的计划和投资。

2. 文化有障碍

从文化遗产的角度讲，古村、古镇的文化遗产包括物质的和非物质的这两部分，物质的主要是指传统民居，非物质的就指传统的生活方式。因为传统生活方式只能依附于村民而存在，所以保护乡村的文化遗产，就要维持村民的主体地位。这也就意味着，如果大规模地迁出村民，在文化上是不具备正当性的。

3. 租约有风险

农村土地不能转让，那么租用是不是可以呢？也不好办，因为租期越长，出现违约的可能性就越高。而租期短的话，又不足以回收成本。在现实当中，到农村租房的行为实际上是相当多的，但是投资量多数都不太大，也以个人行为为常见。与此同时，媒体上关于“村民违约”的消息也是经常见诸报道的。

4. 谈判有困难

就算有企业克服了前面说的几个难题，进入到可以跟村民谈条件收购住房和宅基地的阶段，双方也很难就转让价格达成一致。如果是按照农村每亩地的产出标准，那么价格将是非常低的，村民们难以接受。村民们一般是按附近城市的房地产价格来做预期的，而这个价格又让企业很难接受。

5. 观念难统一

既不能买，也不能租，能不能由企业来负责产品研发、宣传推广和制定服务标准，同时培训村民们来加入到这个生产和服务系统中呢？这个想法听起来是很好的，实际上也应该往这个方向去做，但是执行起来就会发现，难度很大，因为村民的思维习惯和企业的行动逻辑，可以说是完全不同的两套系统。村民不是企业的雇员，企业没法用工厂的管理标准来要求村民。乡村始终是个熟人社会，不能完全套用城市的法律和契约。这种观念不一致而带来的后续运营的困难和不确定性，也会让不少企业望而却步。

以上这五个困难，可以说是把大部分的企业都挡在了村外。不过，在现实当中，我们还是会时不时地看到或者听到，某个村子又被某个企业整体承包了的消息。这些企业是怎么做到的呢？

一个原因，是确实有潜在的大利益，并且有少数还已经实现了这种利益。旅游业可以说是中国未来最被看好的一个大行业，而乡村旅游又是其中最为蓬勃发展的一个板块。有大利益驱动，就总会有人去尝试做，甚至突破。

第二个原因，村落的空心化和衰败化，依然是一个正在发生的大势。没人住的村子，用不了几年就成废墟了。有人住的村子，村民们又大多暂时没有能力，也没有意愿去承担保护的成本。与其眼看它毁掉，不如把它交给愿意接管的机构。从这个角度看，开发者似乎反而占据了一个文化和道德制高点。而当他们这么做的时候，地方政府和本地村民也往往是乐见其成的。对地方政府来说，是甩掉了一个烫手的山芋。村落保护所涉及的专业复杂性和人际复杂度，实在是太让管理者头疼了。对本地村民来说，就算财务补偿可能不如预期那么高，但如果是一笔还算可观的钱，那就比守着破烂的房屋长年不能变现要强。

总之，现实有支撑，利益有驱动，企业进入乡村的例子就必然会越来越多，这在目前看来是一个难以阻挡的趋势。而十九大报告提出的要完善承包地“三权分置”制度，也让这件事有了更大的想象和操作空间。

（二）企业进到村子之后会怎样？

首先，真的就能获得大利益吗？这可真不好说。要知道，我们看见的一些旅游业开展得好的村子，几乎每个都是不具备复制性的。陕西的袁家村火了之后，西安附近一下子就冒出来 60 个模仿袁家村的村子，绝大多数在经营上都难以为继。现在民宿界流行一个开玩笑的说法，“后天很美好，明天过不去”，这话用在整个乡村旅游领域都是适用的。

其次，能跟村民们相处好吗？这对企业始终是个巨大的考验。一般情况的相处不好，其实是可以接受的，但是如果因为相处不好而在某件事上酝酿成群体事件，那就有可能成为政治问题了，前面的投入和努力就全都打了水漂。

再次，在文化遗产的保护上，到底能做到什么程度？我们能看到的，是不少企业对保护的专业性和高成本没有做好准备的。那些只想尽快搞旅游挣钱的，在保护上的损失就一定会惨重，这不但是个案的失败，还在某种程度上让整个旅游业都背上了破坏文化遗产的坏名声。不过，我们也要看到，在保护技术的科学性和成熟性探索上，反而有一些企业是走在了前列的（图 2-3-3）。这一点听起来会让人觉得意外，但其实也好理解。因为要综合考虑将来的长期运营，这就倒逼着企业在保护的技术上要做到可控，否则就无法计算成本和收益。责任内化了，这通常就比政府花钱替村民修房子好。政府花钱替村民修房子，花钱的是政府，住在里面的是村民，责任和权利不匹配，往往很难搞清楚到底花多少钱才合适，质量也很难把握要做到什么程度才合适。上面这些说的都是物质文化遗产的保护，在非物质文化遗产上呢？那就更不好办了。村民已经迁出，怎么才能做找补？

图 2-3-3　三瓜公社的老房改造

（三）三瓜公社如何应对村企合作的难题？

三瓜公社，是如何应对村企合作的这些难题的呢？听完瓜叔的一番话，我觉得这里有一些运气的成分，更重要还是瓜叔作为一个善于调整战略的企业家的思维特质和行动能力。现在我们就来拆解一下，淮商集团和它的董事长——江湖人称“瓜叔”的刘浩先生，是如何在半汤开展起村企合作的。

1. 利用电商经验优势

瓜叔所在淮商集团，是安徽一家发展得挺成功的企业，尤其是电商方面，积累了很多的经验。2014 年，淮商集团受省政府委托，来到半汤，承担了一个名为东洼村的扶贫任务。之所以叫东洼村，是因为这里的地势最低，经常被水淹。这么个地方，自然是生活条件比较差的。附近村子就流传着这么一句话：“从小不听话，长大嫁东洼。”瓜叔说，就是因为这个地方最穷，所以他才选了这个地方，就是要给自己来一个大一点的挑战。

东洼村的村名，也是“三瓜公社”这个名子的由来。因为当地方言里，洼和瓜特别像，所以刘浩先生在开始的一段时间就一直就把它听成了“东瓜村”。后来知道原来是搞错了，但是脑筋灵活的刘总干脆将错就错，就给它起了个昵称，叫东瓜村。因为东瓜村好记，将来搞旅游也好，做电商也好，便于公众传播。再后来，其他两个村子也纳入淮商集团扶贫范围，就根据方位，顺势叫成了西瓜村和南瓜村。于是就有了三瓜公社。需要强调一点，瓜叔并不是真的改村名，在行政系统里它们还都是原来的名字，东瓜、西瓜和南瓜都是艺名，不是户口本上的真名。

2. 抓住市场机会

瓜叔着手做东瓜村的扶贫计划的时候，赶上一个特别好的机会。2011 年，作为地级市的巢湖市被撤销了，降格成了一个县级市（这件事，按瓜叔告诉我的说法，原因是巢湖的污染太严重，而周围县市对于污染治理又总是难以协调一致，于是省政府干脆把巢湖市降级之后再统一归合肥市管辖，希望从行政体制上来解决巢湖水污染的问题)。巢湖市和合肥市的接壤地带，原来就有一个经济开发区，是安徽省的四大经济开发区之一，级别很高，但是面积并不大，人口也只有5万多人。在地级市降格之前，在这附近已经建成了一批安置用的商品房，建筑面积有9万平方米。降格之后，这批安置房就划拨给了经济开发区。但是，经济开发区的人口太少了，根本就消化不了这么多安置房，于是大部分就成了空置房。

瓜叔到了东洼村，很快就发现这是个机会。他向政府提了个建议，允许用开发区空置的这批安置房来跟东洼村的村民做交换，以一平方米兑换一平方米的方式，把村民迁出来。而村里空出来的民房，就交给淮商集团来做统一的改造和运营。此举可谓一举多得，既消化了一部分空置房，也让村民得到了很大的实惠，还让企业得到了可利用的资产。

按当时的市场价格，村里的房价是几百元一平方米，安置房的价格是2800元一平方米，村民的好处是相当大的。而且，瓜叔还为村民们争取来一个大福利，那就是村民们可以选择一平方米兑换一平方米，也可以选择按每户给一套100平方米的住宅。农村里的户，其实已经普遍的小型化了，基本上每对夫妇就是一户，所以那些有几兄弟的家庭，一下就分到了几套商品房。

政府的让利可谓够大，但是后来还有更让村民们欣喜的事。最近几年，随着全国高铁布局的完善，合肥市成为高铁线路的一个中心点，这导致合肥的城市地位迅速提升，经济发展也突飞猛进。经济好的结果自然是房价涨，2014年底每平方米2800元的房价，现在已经涨到了8000多元。搬迁了的村民们实现了资产的大幅提高。

不过，尽管有这么一个重大利好的机遇，东瓜村的搬迁工作也并不是很顺利的。原因在于，虽然在住房上得到了一些不错的实利，但是村民们未来的生活依然没有保障。瓜叔说要带着村民们搞旅游致富，可是这种事向来是说说容易，谁知道你是不是当真？谁又知道你是不是真有能力做起来？谁又知道你是不是把我们赶走了然后自己玩？

3. 获取村民的信任

瓜叔说，为了获取村民们的信任，他在2014年的年底专门组织村民们“出去旅游”，由企业出钱，让村民们去参观浙江、四川等地的旅游村，尤其是重点考察了孙君老师做的典型案例——河南信阳的郝堂村。2015年春节，他又以“杀年猪”为由，给村里每家每户送猪肉，跟村民们喝酒拉家常。等正月一过，他觉得时机成熟了，就组织召开了村民代表大会。这实际上就是搞乡村旅游的动员会了，在会上让大家投票，是不是要和企业合作开展东瓜村的乡村旅游。

有一多半的村民投票同意。有了这些民意做基础，瓜叔才敢放手制订和落实他的蓝图和设想。修路、铺上下水管道、维修和改造老旧破败的民居，这些都是花钱的事。瓜叔还对大量田地进行了土壤修复的工作，“过去这个地方穷，是因为土地质量不如其他地方好，粮食产量比较低；因为粮食产量低，所以化肥和农药就要多打；而化肥农药打得越多，土地板结和污染就越严重；为了对付土地板结带来的粮食产量下降，就只有打更多的化肥和农药；这就是个恶循环”。土壤修复之后种的粮食，才是健康的粮食，这也是开展乡村旅游的一个很重要的基础。

这些土地，也进行了分片处理，有的种粮食，有的变花田（图2-3-4），包括大面积的郁金香和油菜花。种粮食的田，还可以搞采摘。花田在花儿开得最盛的时候，还举办了油菜花节和郁金香节。大大小小的活动一多，游客量就上来了。

种植作物和花卉的任务，交给了原来的村民。村民们除了种地和种花，还有一部分年龄比较大的，加入到了管委会，从事保洁、门卫等基础劳动。瓜叔说，企业对这两部分村民的管理，采用的是工分制。每个项目的负责人，会公布每天需要的用工量，村民们自由报名，月底按完成的工时来结算工资。这种工分制，沿袭了以前生产队时期的工分制，不强求村民每天都做满8小时，而是有着相当程度的弹性。

4. 集思广益开展电商活动

淮商集团擅长做电商，所以瓜叔很自然地就想到要在东瓜村开展电商。怎么做呢？瓜叔先是把电商界的两位著名专家给请来了。这两位专家就是中国社科院信息研究中心主任汪向东老师和浙江义乌工商学院的陈民利老师。他们二位加上稍晚些时候加入的孙君老师，被称为半汤乡学院的“三老”。电商专家到来后，觉得第一步得先做培训，向村民们普及电商知识。做培训就得有课程，而既然有了课程，那就不妨在招生上放宽范围，让本地村民之外的、来自全国各地的学员，都可以来学习。这样既可以补贴办培训的支出，又可以扩大知名度。培训做到这个高度，自然就需要一个正式的名称了，于是就有了半汤商学院。半汤商学院于 2016 年 4 月成立，课程以农村电商为主，逐渐扩展到与乡村建设有关的各个环节。越办越好，也越办越有名，至今已经办了 30 多期。

本村的很多村民参加了培训。但是，瓜叔觉得光是上上课还不够，他主动联系了几个年轻人，给他们“下任务”，希望每个人去找回来 20 个在外打工的年轻人，企业承诺会给所有这些返乡创业者提供各种优惠和支持条件。他还让回来的年轻人分组自由讨论，自己出创业的想法和主意。只要是有潜力的想法，企业都会给予支持。村里现在开起来的这些创意小店、酒吧、民宿，基本上都是这些返乡青年们想做的，而且是他们自己在经营（图 2-3-5）。

5. 重点研发电商产品

瓜叔还利用他在淮商集团积累下的电商经验，成立了专门的研发小团队，着手开发属于三瓜公社自己的产品。第一款产品就是葵瓜子。为什么是葵瓜子呢？一是因为“瓜”这个字是三瓜公社最关键的字眼，二是因为葵瓜子的市场巨大。瓜叔说，三瓜公社出的瓜子，在口味上是经过反复实验的，一定是又香又脆；在形状上是个个匀称而且饱满的——它们经过三

图 2-3-4　三瓜公社的花海

图 2-3-5　三瓜公社的烧酒坊

层筛捡，每个都长得一模一样，而且坏损率只有千分之三，这个水平可是全国第一的。

三瓜公社的瓜子（图 2-3-6），都是小袋包装，每袋售价是 10 元。这个价格，要是折算成同样的重量，要相当于商场里常见的一些大品牌的好几倍。为什么能卖出这个高价？一是产品的质量确实好。二是销售的场景不一样。商场里卖瓜子，必须比拼性价，而在三瓜公社里卖的瓜子，兼有零食和旅游纪念品的双重意义，这自然有溢价。瓜叔很自豪地说，去年他们光是卖瓜子就卖了 1000 多万元。

瓜叔还向我们炫耀了他们最近研发出的一个新品——小麻花（图 2-3-7）。天津的大麻花很有名，但是这样的大麻花对现在的人来说，已经很难接受了，因为过于油腻，更没人能一次吃掉一整个。吃不掉就是浪费，心理上就会过意不去，那就干脆不买为好。针对这个痛点，三瓜公社就研发出了小麻花，比一根手指头还要小上一号的小麻花，吃起来脆而不硬，还分七种口味，让人一旦开吃就停不下口。瓜叔相信，这将是三瓜公社的又一个爆款。

图 2-3-6 三瓜公社的瓜子

图 2-3-7 三瓜公社的小麻花

就这样，一方面集思广益，一方面重点研发，短短两年，三瓜公社就推出了几百种产品。电商的作用，在这里可以说是发挥得淋漓尽致。

（四）三瓜公社的村企合作总结

文章最后，我们对三瓜公社的村企合作做一个简单的回顾和总结。

第一，三瓜公社赶上一个好机会，正好有一批安置房可以用。

第二，瓜叔是个有心人，善于调动各方资源，也知道要想办法去获得村民的支持，同时还善于回避困难，做到近期不碰，以便集中资源去做有积极效应的事。

第三，企业的实力很重要，使得一个好项目能够熬过艰难的今天和明天，从而有机会去拥抱美好的后天。

第四，村子本身，对企业来说也是很重要的。电商品牌与乡村空间的锁定，使得品牌有更高的溢价。而村民，既是性价比很好的劳动力，也是在地文化的载体。

四　传统村落能否成为特色小镇

2018 年 3 月 30 日

前段时间，《旅游学刊》组织了一次关于“旅游特色小镇”的笔谈，邀请了十二位来自不同领域的专家参加研讨会。所谓笔谈，就是不能空讲了，要交一篇 3000 字左右的正式发言稿。我觉得这样一种形式的笔谈是非常好的，让与会者有比较充分的准备来参加讨论，保证了开会有成果。虽然后来我因为另一个重要的会议，时间有冲突而没能亲自参加这次笔谈，但是也在会前正式地提交了发言稿。下面就是我的这篇发言稿。

传统村落能否成为特色小镇？这个问题或许可以拆解成两个问题：第一，成为特色小镇有什么条件？第二，传统村落能不能达到这些条件？

特色小镇由“特色”和“小镇”两个词组成。小镇是什么？从行政区划的角度来说，镇是指县和县级市以下的行政区划基层单位。镇和乡有区别，一般来说，镇的区域面积比较大（300 平方公里以上），人口比较多（20000 人以上），尤其要有较多的非农业人口（2000 人以上）。主管部门虽然没有规定小镇一定要符合镇的行政区划，但是从已经公布的特色小镇名单看，基本上都属于镇。镇之所以有这几个指标，是为了突出跟农业的区别，其中最根本的因素是“聚集度”。当产业的聚集度达到一定程度时，就可以成为镇或者小镇。只不过，产业的聚集度比较抽象，我们需要将其外化成某个指标，以便于判断和操作。在目前阶段，最方便的指标还是人口。当我们对一个地方的产业发展有足够的信心，相信它已经达到一个高水平时，仍然可以判断这是一个小镇。

特色小镇的特色，是比小镇更为关键的概念。特色可以是指某个产业或者行业，也可以是指有潜力发展成为产业或者行业的某项事业。要在这个产业、行业或者事业里占有垄断地位，或者至少是相当高的地位，并且要有相当程度的深耕水平，才称得上特色小镇。

有没有哪个传统村落，已经在某个行业上达到了比较高的聚集度和深耕水平呢？旅游业是比较容易在乡村做起来的行业。我们先从这一点谈起。

（一）西江千户苗寨

贵州省雷山县的西江千户苗寨（图 2-4-1），是近年来发展势头强劲的一个传统村落。根据当地主管部门提供的数据，2017 年西江千户苗寨的客流量为 750 万，旅游收入约 64 亿。这个数据，跟乌镇也相差不太远了，甚至可以跻身国内一线旅游目的地之列[1]。西江千户苗寨的旅游业，至少为本村以及附近村民创造了 5000 个就业岗位。显然，光从乡村旅游业的游客量、

图 2-4-1　西江千户苗寨（摄影：李君洁）

1　750 万的年客流量跟我们在实地考察的感受是大致相符的，但是 64 亿的旅游收入或许有偏差，因为这意味着人均消费达到了将近 1000 元。

产值等数据上看，西江千户苗寨是够得上特色小镇的标准的，实际上它也确实入选了住房和城乡建设部、发改委评选的第一批特色小镇。

然而，它在行业上是否够得上深耕呢？西江千户苗寨首先是一个苗寨，所以保护、传承当地苗族的文化——包括物质的和非物质的，同时为游客创造出足够的苗族文化体验，就是它的一项基本责任，也是它的“特色”之源。从这个角度看，西江千户苗寨距离特色小镇，似乎就还处于达标和不达标之间。在保护和传承工作上，西江千户苗寨是做到了整体风貌控制的，房屋建设也基本上做到了延续传统工艺，足以体现它作为规模最大的苗族村寨的特色。但是我们也应该看到，相当多传统民居的存在状态并不好，只能说是勉强维持。在苗族文化体验上，西江千户苗寨已经跨过了纯观光旅游的阶段，进入到了度假旅游。度假的体验感总的说来比观光要深一层，但是距离深度的文化体验也还是有距离。

（二）袁家村

陕西省礼泉县的袁家村（图 2-4-2），也是乡村旅游的一颗明星。袁家村不收门票，所以准确的年客流量难以统计到。根据媒体上的报道，经常被提及的数据是一年 300 万人次和 10 亿元营业额。2016 年，我去考察过袁家村，那是在一个并不是旺季的周一下午，但依然看见人满为患，所以我对 300 万人次和 10 亿元营业额这个数据基本上是持相信态度的。考虑到袁家村的规模比西江千户苗寨要小很多，这个成绩也可以说相当好了。而且，我认为比数据更为重要的是，袁家村已经在消费者心中牢牢地占住了“关中小吃”的行业地位。

袁家村原本是一个搞乡镇企业的村子，历史风貌也所剩无几，她是怎么实现逆袭，当上了“关中小吃”的“老大”的呢？根据在袁家村采访时跟村支书郭占武等关键人物的交流，我们认为有五个因素起到了重要作用。

图 2-4-2　袁家村

一是小吃与历史环境结合。村委会出资兴建了仿古的小作坊、小店铺，建筑和街道刻意地遵循了传统的风貌和小尺度。

二是严格的卫生管理。国内很多城市都有小吃街，但是大多数都有一个“顽疾”，那就是地上总是有很多垃圾，管理者、经营者和消费者对垃圾也似乎已经见怪不怪，习以为常了。但是在袁家村的街道上，你想找到一根烟头都是很困难的，因为村委会对垃圾实行“零容忍”。举个惩罚措施的例子，村委会派人每两个小时巡视一遍，只要在地上发现一根烟头，不管是谁扔的，最近的这家店主就要罚款二百元。这两个因素，保证了顾客在干净整洁的历史环境里享受到让人放心的餐食。

三是每家都不重样。一期 20 家，二期增加到 100 家，每家都只允许制作和销售一种小吃。这个措施，让顾客有了充分的选择权——只要来到袁家村，你能吃到所有的关中小吃；也避免了商家的恶性竞争——假设有两家店卖一样的小吃，顾客通常就会选择价格低的那家；当商家把重心放在比拼价格的时候，质量问题就退居其次了，这对袁家村来说将会是致命的伤害。

四是末位淘汰。村委会定期检查销售额，对最后两位要做出选择：要么换人，要么换小吃品种。应该说，这是特别有效，也特别狠的一招，执行起来是一定会得罪人的，但是只要敢于执行，效果就一定好。但凡去过袁家村的人，一般都会承认这里的小吃确实是整个关中地区水平最高的。

能做到以上四条，已经非常不容易了。但是袁家村还做到了第五条——强制性股权分配。举一家酸奶店为例。这家店的酸奶做得特别好（据说多的时候一天能卖出 10 万瓶），于是店主要选新址扩大面积。村委会给批了新地方，但是要求这家店主只能自己出资 20%，其余 80% 要分散给全村其他家。这方法刚提出来的时候，这家店主自然是不愿意，村里其他店主也不乐意，但是以郭书记为首的村委会就是坚持要这么做，大伙也就勉强接受了。一年之后分红，家家都乐开了花，因为每一块钱的投入就得到了九毛钱的分红。这个强制性股权分配法，最大的好处是实现了共同富裕，避免了市场机制容易导致的马太效应，同时又让各家都安心地把自家小吃做好，不用老想着去换一种可以挣钱更多的小吃。这个机制，对于维持袁家村关中小吃的丰富性是特别重要的。

综合这五条因素，我的感觉是袁家村在“特色”方面比西江千户苗寨做得更扎实一些的。当然西江千户苗寨有她自身携带的强大基因——规模最大的苗族村寨，这一点确实是基础薄弱的袁家村难以相比的。最近，郭占武书记和村委会表达了他们对未来的设想——把袁家村做成关中民俗村。在当时，我对这个定位也持肯定态度。不过，最近遇到的一件事让我对这个判断有了不同角度的思考。这件事就是在安徽巢湖三瓜公社采访了江湖人称“瓜叔”的刘浩先生。

（三）三瓜公社

刘浩先生是淮商集团的董事长，三瓜公社是三个自然村的总称，也是淮商集团在当地做的一个扶贫项目（图 2-4-3 ~ 图 2-4-5）。这个扶贫项目之所以做得好，是因为淮商集团把电商和乡村建设结合起来了。淮商集团负责搭建电商的市场渠道，村民中有人负责种地（主要是中老年人），有人负责开文创商店（主要是年轻人），各司其职，各自发挥所长。淮商集团还做了一件特别有意义的事——乡村电商产品研发。围绕着“瓜”字，第一个产品是葵瓜子。瓜叔告诉我们，三瓜公社出的瓜子在口味上是经过反复实验的，一定是又香又脆；在形状上是个个匀称而且饱满的——它们经过三层筛捡；而且坏损率只有千分之三，这比洽洽瓜子的千分之五还低；而且用牙嗑的那一下一定是满屋子都听得见的——这样的声音会影响其他人，从而让嗑瓜子的行为具有传染效应。

三瓜公社的瓜子，自然不可能都是三瓜公社的村民自己种出来的。它们中的大部分，只能是从附近甚至远处收集过来，在三瓜公社加工。我甚至怀疑，加工也不全是在三瓜公社，而是包括了附近其他地方的工厂。三瓜公社在这个“瓜子产业”中发挥的作用，一是制定和输出技术方法和标准，二是输出品牌。技术方法、标准和品牌，在我们的常识里应该是属于企业范畴的事物。淮商集团似乎没必要将它们放在三瓜公社，也一样可以推向市场。三瓜公社在这里，到底是什么角色呢？

我自己分析的结论是这样的：这是一次企业市场能力和乡村地方品牌的双赢结合。三瓜公社的瓜子之所以能卖出高价，一是质量确实好，二是销售场景不一样。三瓜公社的瓜子，兼有零食和旅游纪念品的双重意义。我们不妨想象一下，假如三瓜公社的瓜子不是从村里开始卖起，而是一出来就摆进大商场，会是什么结果呢？那它就不得不跟市场上众多其他品牌的瓜子拼“性价比”，尤其是要跟洽洽瓜子这样的对标物进行激烈的厮杀。这么一来，即便能生存，利润率也会大幅下降。

图 2-4-3 三瓜公社鸟瞰
（图片由“三瓜公社”提供）

图 2-4-4 三瓜公社自然风貌
（图片由“三瓜公社”提供）

图 2-4-5 三瓜公社活动场景
（图片由“三瓜公社”提供）

电商和村落的结合，使得乡村产业摆脱了地理范围的束缚，获得了广阔的发展空间。三瓜公社，不只是一个地方名称，还成为了一个市场品牌。这个品牌的拥有者，是淮商集团和本地村民。维护好这个品牌，也需要淮商集团和本地村民的共同努力。在成功推出瓜子之后，三瓜公社又在用同样的方法，去尝试其他产品。最近的一款是小麻花，天津的大麻花是众所周知的一种地方小吃，但是现在这种“跟手臂一样粗”的食物显然已经不符合市场需求了，所以三瓜公社就看准这个市场“痛点”，研发出了“跟手指头一样细”的小麻花。和三瓜公社的瓜子一样，这也是一款“让人一吃就停不下来”的零食。

有品牌，有产品，还有强大的研发能力，我认为这样的乡村就完全符合特色小镇的标准了。三瓜公社的经验，也让我对袁家村的发展方向有了不同于原来的想法。从关中小吃向关中民俗发展，真的是一个正确的方向吗？会不会民俗没搞好，反而弱化甚至丧失掉关中小吃的地位呢？对这个问题，我们也可以换个角度来问：袁家村在关中小吃这项事业上，是不是已经把潜力都全部挖掘出来了呢？如果已经挖到头，那么转战其他的领域就是必然和应该的。如果没挖到头，这么做就有风险，因为不能排除可能有其他企业或地方，会采用三瓜公社的电商打法，把关中小吃做到比袁家村更高的水平。

这几年袁家村也在小吃上做了尝试，那就是新建了另外两条街，引入了全国其他地方的一些小吃。从实际情况看，这两条小吃街的人流是远不如以关中小吃为主的原先两条街的。可见“跨界”并不是件容易的事，连“关中小吃”跨到“全国小吃”都很难，更别说从小吃跨到其他领域了。

以上通过对西江千户苗寨、袁家村、三瓜公社这三个案例的分析，探讨了传统村落发展成为特色小镇的可能性。考虑到特色小镇这个行业本身在中国也还处于一个初级阶段，所以我认为这三个地方尽管也不完善，但是以它们目前所达到的行业地位和发展水平，列入特色小镇应该是成立的。

我们更看重的是它们在发展路径上所显示出来的行业探索意义。西江千户苗寨保护并发挥出了她本身所具有的“最大苗寨”的特点，这对于所有类似的具有某种唯一属性的传统村落都有借鉴。袁家村通过硬件和软件的打造，将本已在市场上存在的关中小吃这个行业，拿来为己所用，这对于所有基础条件比较薄弱的村子都有参考意义。而三瓜公社则通过电商，成功地开辟了一条企业和村落合作的道路，这对于所有乡村工作者和所有想进入乡村的商业机构，都有启发意义。

五　长在岩石上的墟里

2018 年 5 月 18 日

前几天，我有机会去到一个慕名已久的地方。我和同行的朋友们在这个地方只是呆了很短暂的时间，远远够不上完整的体验，也就不具备发表评论的资格。不过，由于我对这个地方实在是喜欢，同时对这个地方的创始人更是钦佩和欣赏，所以还是忍不住要跟大家分享一下这个短暂而美好的经历。

（一）“墟里”

这个地方，就是在民宿界大大有名的墟里（图 2-5-1）。墟里民宿有一系列的光荣称号。比如开始吧 & 借宿于 2017 年 4 月评选的全国十大民宿中，墟里排名第五。开始吧 & 借宿是目前民宿业的最大平台，它的评选结果具有相当高的行业权威性。在这份榜单里，前两名是千里走单骑的杨丽萍艺术酒店和白玛多吉的松赞。作为一家开始于 2015 年、只有三间客房的民宿，墟里能跟千里走单骑和松赞一起列入全国前五，那是很不容易的，因为无论从历史，还是从规模上比，墟里都要差上几个档次。墟里之所以能入选，靠的是把“小而美”做到了极致（图 2-5-2）。

又比如浙江省旅游局于今年一月份评选浙江省首批白金级和金级民宿。这大概是能在一定程度上代表政府系统来办的评选，权威性也是显而易见的。此次评选，入选白金级的民宿一共只有六家，墟里贰号是其中之一。

墟里的创始人，是毕业于北大法律系，在京城法律界也厮杀过几年的

图 2-5-1 “墟里”夜景
（图片由“墟里”提供）

图 2-5-2 “墟里”
（图片由“墟里”提供）

一位“律政俏佳人”。她在民宿界有个广为人知的名字，叫“小熊”。只要一说到“墟里小熊”，大家的脑子里一定会浮现一张俊俏的瓜子脸。小熊其实是个江湖昵称，她的真名叫谢怿雪。我上网查了一下，怿字是愉快的意思。怿雪就是愉快的雪，很雅致。

我在上网查到怿字的时候，脑子里出现的第一个反应是王羲之的《快雪时晴贴》。怿雪，可不就是快雪时晴的简称么？小熊是个独生女，我猜测她的父母在她出生的时候，一定是费了一番脑筋来起名字。这么雅致的名字，怎么会配上小熊这个反差那么大的江湖昵称呢？小熊说，这个昵称其实也是由来已久了，学生时代她就因为爱吃爱睡，被同宿舍的室友们起了“小熊”的外号。等到几年前她下定决心，离开京城，回到家乡开民宿的时候，为了在形式上跟过去的“谢律师”和谢怿雪做告别，就“重启”了小熊这个学生时代的外号。

我自己分析，谢怿雪这个名字，雅致是雅致，但也正因为这样，会导致过于小众化，也难以让人一下就记住，不像小熊，一听就记住了，而且给人以一种萌态的暗示和感觉，特别有利于流传。

（二）“墟里”与楠溪江

墟里现在有两家店在营业（图 2-5-3），都在温州的永嘉县，准确一点说，是在楠溪江的中游。楠溪江是瓯江的一条支流，发源于永嘉县的北部山区(与仙居县交界处)。说到这里，我觉得可能有必要稍微解释一下永嘉县和楠溪江。温州大家一定是很熟悉了，是个民间商业非常发达的地方。温州炒房团，可以说是房地产界的一支生猛力量。而永嘉县和楠溪江，很多人可能就不太了解了。其实楠溪江这些年倒是有些名声的，因为陈志华先生写过《楠溪江中游乡土建筑》，20 世纪 90 年代由台湾汉声出版，是大开本的上中下三册，既厚实又华美，在台湾地区造成了不小的影响。以这套书的文字内容为基础，后来由北京三联书店于 2000 年出版了另一个版本，书名改为

《楠溪江中游古村落》。《楠溪江中游古村落》大概也是第一本算得上畅销的古村落类文化书籍。此书一经问世，在出版界就形成了一股不大不小的古村类潮流，一直持续到现在。楠溪江的名声，也随之流传，逐渐为世人所知。

一个有意思的现象是，很多从书上了解了楠溪江古村落的读者，好像在潜意识里并不觉得楠溪江是温州的一部分。楠溪江实在是太有文化了，在陈志华先生的文笔下，她更是显得姿态优美，气质淡雅，活脱脱是历代文人们苦苦追求的世外桃源。这跟温州的商业市侩气息，实在是格格不入。

楠溪江和温州，到底是什么样的关系呢？这方面我没做过研究，不敢妄论，等待高人给我们解答。我们还是回到墟里。

（三）“墟里贰号”与蓬溪村

墟里的两家店，壹号位于桥下镇郑山村的茗岙梯田，贰号位于鹤盛镇蓬溪村。蓬溪村，其实就是小熊的老家。

这个蓬溪村，也是有些来头的。我在多年前就从陈志华先生的书里了

图 2-5-3 “墟里”的建筑外景

解到，蓬溪村是谢氏的血缘村落，而谢氏的祖先，就是大名鼎鼎的谢灵运。谢灵运是山水诗派的开创者。他的山水诗，大部分又是在当永嘉太守期间创作的。楠溪江，可以说是中国山水诗的发源地。

小熊说，她爷爷在土改的时候，为了“进城讨生活”，就把位于蓬溪村中心地带的老宅子给卖了。六十多年过去了，这栋老宅依然还在，只是被新房子包围了。这事说来让小熊很伤感，因为蓬溪村原先是一个保存相当完好的楠溪江古村落，现在已经一去不复返。小熊的父亲也是在蓬溪村出生的，只是一两岁大时就被爷爷带出去了，在外面长大。虽然他们一家子都在外面生活，但是还有不少亲戚在蓬溪村，而且几乎年年清明节都要回村扫墓，所以一直跟老家有联系。大约在二十年前，小熊的父亲在蓬溪村找了个地方，建起了一栋房子，打算退休之后就回到这里，过自己的养老生活。

这栋新建的房子，并没有在老宅附近，因为村子的中心地带已经没有地方了。它位于蓬溪村的外围，建在溪边的一块大岩石之上（图 2-5-4）。对村民而言，这里是最偏僻最不好的地方。从岩石上平整出来的地基，也不占用村里原有的宅基地指标。对父亲而言，这里是山水俱佳，安静又离村不远，可以保持着一种合适的距离感。

小熊几年前刚决定从北京辞职，回永嘉开民宿的时候，也是动过念头，想拿老父亲的这栋房子来改造和经营的。但是在当时，这事还是太过新潮，她自己也没有十足的把握，所以就物色了另一个地方，开起了墟里壹号。等墟里壹号开了一年多，有关民宿的各种“坑”都经历过，营业状况也完全稳定之后，她有了足够的信心和经验，这才跟父亲提改造蓬溪这栋房子的想法。

（四）“墟里”的经营逻辑

墟里壹号，投资 150 万，三间客房，2015 年的“五一”开业。墟里贰号，投资 120 万，也是三间客房，2016 年 8 月开业。这两家店，只有六个客房，但是管理和服务人员却达到了 23 人。

这几年我在民宿圈里也认识了不少朋友，所了解到的一般性的看法，是开一家民宿，客房以 8 ～ 10 间为好，管理和服务人员有四、五个就足够了，这是一个性价比合适的配比。客房少了，不利于摊薄成本，因为即使是三四间客房的民宿，投资也得将近 100 万，而 8 ～ 10 间的客房，投资也就 100 万出头。工作人员多了，每个月要发的工资也就多了，成本也就上去了。

但是，小熊经营墟里，用的却是另一套逻辑。客房压缩到三间，就可以把硬件的水平提高两三个档次。工作人员提高到 10 个，也可以把服务的水平提高两三个档次。这么做之后，客人的体验感好，口碑传播得快而且广，于是比较高的客房单价就保持住了，入住率也提上来了。墟里壹号，客房单价将近 2000 元，全年入住率是 80% ～ 90%。这是用高投入来制造高产出，再用高产出来维持高投入的逻辑。

当然，我这里做的总结还是很粗线条的。实际上，能把入住率保持在 80% ～ 90%，光靠硬件打造和服务到位，是远远不够的，还要配上其他很多超出常规服务的内容。要不断给客人们制造出意外的小惊喜，才能让民宿运营达到极致的水平。我曾经问过小熊两个问题——这应该是所有民宿的主人们都普遍关心的两个问题：第一，墟里是怎么实现从开始就高入住率的？第二，你觉得做民宿最大的困难是什么？

对第一个问题，小熊的回答是：一方面，墟里从开始就是要“做自己”，没太去考虑商业或者行业情况。墟里既是一种商业行为，也是一种生活方式和价值观。清晰地表达自己，然后传递和吸引到同类。另一方面，墟里的规模小，按栋出租（图 2-5-5、图 2-5-6），一天只要两个订单就客满了。

对第二个问题，小熊的回答是：困难都是具体而琐粹的，每天都要面对，反而找不出那个“最大”的困难；目前阶段，从被大家所认知的民宿品牌

图 2-5-4 “墟里”的阳台
（图片由“墟里”提供）

图 2-5-5 “墟里”的起居室
（图片由“墟里”提供）

图 2-5-6 “墟里”室内一角
（图片由“墟里”提供）

到墟里所定义的乡村运营商的过渡，如何使得团队保持初心和战斗力，是墟里要面对的课题。

从民宿品牌到乡村运营商，我想，这应该就是小熊的野心，她要将墟里做成一项大的事业。墟里叁号，即将在楠溪江的另一个地方开业。墟里肆号，即将在宁夏的黄河边开张。而2019年在浙江泰顺开业的墟里伍号，将会从单点模式演变成整村模式。乡村的整体激活与文化复兴，这才是小熊的终极理想；民宿点位的运营，是她用来实现这个理想而必须经过的经验积累的过程。

这也可以解释，为什么墟里现在要配备这么多的工作人员。23个人服务6个客房，这个比例超出常规太多，其实把工作人员减少到12个，仍然有2 ∶ 1的人员房间比，也是能保持住服务水平的。但是，为了更大的事业，现在就要做好人才储备的工作了。

小熊在2017年4月份，就作为演讲嘉宾参加过我们在贵州省黔东南州台江县举办的乡村复兴论坛·台江峰会。在会议结束的那天晚餐上，小熊就专门约了我，跟她讨论用民宿来带动乡村整体保护与发展的计划（当时好像还没有用到“乡村运营商”这个明显带有专业化的名称）。这次来到楠溪江，我亲自体验了墟里的民宿，观察到小熊的成长环境，又了解到她正在推进的墟里叁号、肆号和伍号。这些信息，让我对小熊的乡村梦想有了更直观、更真切的感受。

墟里的名字，来源于东晋陶渊明的诗句“暧暧远人村，依依墟里烟”。谢怿雪的名字，让我联想到了东晋书法家王羲之的《快雪时晴贴》。蓬溪村的谢氏，祖先是东晋的大诗人谢灵运。谢灵运，是中国山水诗的开创者。而楠溪江，是中国山水诗的发源地。虽然小熊一再说她已经不怎么用谢怿雪这个很雅致的名字，但是我总感觉，小熊这个名称似乎只是她用来向外界——当然也是向自己——显示亲和力的一个方式，而在她的内心，来自祖先、源自故乡的东晋山水诗的文化之根，其实一直在起着源动力的作用。

前文提到，小熊的父亲在蓬溪村建的房子，是位于一块大岩石之上。其实这个信息我一开始并不知道，而是在墟里贰号住的那晚，第二天一早起来拍照，走到楼梯外的大平台上，才发现房子紧挨着一块大石头。我在这块大石头上发现了几处特别小的、开着花的多肉植物。这些长在石头上的小花，似乎就代表着墟里，面对一个困难特别大的使命，在顽强地生长（图 2-5-7）。

图 2-5-7 “墟里”旁边的岩石和植物

六　自在侨乡

2018 年 7 月 20 日

乡村复兴论坛·留坝峰会结束的一周之后，我们到了广东省的梅州地区（图 2-6-1）。此行有几个目的：一是和王翎芳老师、贴布导演到蕉岭县，考察在这里实施翎芳宴的可能性；二是到大埔县的百侯古镇，和地方领导们讨论 2019 年在这里举办乡村复兴论坛的初步方案；第三是对梅县侨乡村做一个峰会后的回访。

图 2-6-1　自在楼开“神仙会”

（一）峰会之后的侨乡村

乡村复兴论坛·梅县峰会，是2018年4月在侨乡村和松口镇召开的，距今已有两个多月，这场会议到底产生了怎样的影响，以及峰会之后还面临怎样的困难和机遇，是我们特别关注的问题，因为这关系到乡村复兴论坛在未来的发展方向。

蕉岭县的考察任务结束之后，我们直奔梅县侨乡村。那天是周五，并没有看到很多的游人。游人不多应该也属于正常，因为还没到周末，天气又比较热，而稻田里的水稻也正好处于不那么好看的阶段——这时候的稻株已经长得比较高，遮盖住了水面，但是又没有形成黄灿灿的景观，有的水稻还因为前段时间刮大风而出现了倒伏。总之，并不是侨乡村田园景观的良好阶段。

不过，也有让我们感到欣喜的事情。首先一条，是了解到梅县峰会后侨乡村的村民和村镇干部们在保护传统文化、发展乡村旅游的事业上，形成了团结一致的信心。7月13日，侨乡村合作社举行了正式的成立大会。全村一共有500户加入合作社，每户入社资金2000元，目前总资金已经达到100万元。

在7月12日下午的座谈会中，我们还认识了一位名叫阿海的新农人。阿海原本在珠三角地区工作，这两年回到侨乡村，回归传统的农业，种植水稻、花生等农作物。他借助微信，跟珠三角的朋友们建立了直销的关系，在水稻、花生成熟之前就发布产量信息，接受预订。通过这种方式，阿海早早地就把他的花生大米销售一空，而且还卖出了好价钱。

像阿海这样的新农人，对侨乡村而言是非常重要的。且不说农业对农耕文化的重要意义，单就田园景观，如果没有满满的稻田和菜地，也已无从谈起。如果从自在楼的咖啡厅往外看去，是大片荒芜的田地，那么自在楼也就没有存在的意义了。

另一件让我们感到欣喜的事，是侨乡村的自在楼咖啡馆已经实现了正常运营。对于一个旅游业刚起步的乡村，这并不是一件很容易的事。能常态化运营，说明咖啡馆的收入至少是可以覆盖它的水电消耗和服务人员工资的，这是乡村复兴论坛作为会议事件的影响和效益的一个实在体现。负责自在楼咖啡馆运营的小温总说，峰会之后每到周末和节假日，咖啡馆有较多的客流量，平时也会有一些客人；而世界杯开赛以来，这里就成了梅州市的一个观赛热点（图 2-6-2）；最近，梅州市的樊登读书会已经在跟他联系，准备定期到自在楼来搞读书会。这些迹象表明，自在楼咖啡馆不但实现了常态化运营，还正在朝着一个良好的方向发展。

（二）“自在侨乡”与客侨文化

小温总和他的自在楼运营小团队，还在峰会之后策划和举办了包括摄影比赛在内的一系列活动。这当中，我最欣赏的是他们提出的宣传口号，叫“自在侨乡”。我觉得这是一句特别好、特别适合于侨乡村的宣传口号。

为什么说它好呢？一是因为它来源于自在楼。二是“自在”这两个字传递了一种闲适的感觉，跟改造之后的自在楼的空间气氛，可以说是完全

图 2-6-2　自在楼观看世界杯比赛

相符的。三是“自在侨乡”这句口号还在某种程度上，解决了一段时间以来让我感到困惑的一个大问题。这个大问题，说来有点话长。我们之前在筹备乡村复兴论坛·梅县峰会和做侨乡村规划设计调研的时候，就曾经提出建议，梅州地区的文化主线应该是“客侨文化”。为什么是“客侨文化”呢？因为，客家人主要聚居在粤闽赣的三省交界地带，广东梅州的客家跟江西、福建的客家相比，最大的差别就是梅州客家的华侨很多，华侨带回家乡的巨额财富和海外思想，对梅州地区的房屋建设、生活习惯、社会观念等方面，都产生了很大的影响。把“客侨文化”当作梅州地区的文化主线，既可以区别于其他地方的客家，也为梅州传统的客家文化通往现代社会，架起了一座桥梁。

客侨文化的提法，得到了市、县两级政府领导们的认可。不过，客侨文化落实到各个县、各个镇、各个村，又该如何做具体的表现呢？我们在做侨乡村规划的时候，也是按照客和侨这两条线索去选择和确定建设项目的。但是如何找到一个专属于侨乡村，又符合客侨文化大主题的文化线索，这个问题在当时并没有很好的解决。好在，这个问题并不影响梅县峰会举办之前的建设项目推进，可以暂时放一放，等待合适的机会。

小温总接手了自在楼咖啡馆的运营。乡村复兴论坛·梅县峰会的举办，也算是为他的运营做了一次大宣传。峰会之后，小温总和他的团队不遗余力地，为自在楼策划了很多活动，并且为这些活动确立了一个统一的口号，叫“自在侨乡”。我在微信上看到这句口号的时候，立刻就把它跟“客侨文化”对应上了。自在侨乡，可不正好就是梅州“客侨文化”这条文化主线在侨乡村的“文化子线”吗？

我们这次来梅县，又和梅县区领导们就“自在侨乡”这个主题进行了深入的沟通和探讨。讨论的结果，是要把自在楼当作一个撬动侨乡村文化保护和乡村振兴的支点，从事件、空间、人物、产品这几条线索，来策划未来一年的活动。

这里说的人物，包括历史上为侨乡村做过贡献的本地名人，更包括现在正在为侨乡村的振兴做着努力的新乡贤、新农人。产品，则包括传统的农产品、手工业产品，也包括需要我们去做研发的文创产品。事件和空间，是互相叠加而且互为补充的两条线索。这也是我想重点展开探讨的一个话题。

（三）"自在侨乡"的活动策划

我们为自在楼策划的事件，包括每月一期的乡村振兴培训班。每次邀请 1 ～ 2 位全国范围内知名的客家研究学者和乡村振兴专家，到自在楼咖啡馆内讲课，学员包括但不限于全梅县区的乡镇级领导。

事件还包括，把翎芳宴的"简易版"设在自在楼内（图 2-6-3）。翎芳宴是台湾美食家王翎芳老师为乡村复兴论坛·梅县峰会专门设计的一个宴会，工作内容包括美食研发、大厨培训、村姑培训等方面。这原本是峰会的一个环节，属于一次性事件。但是在梅县峰会之后，受过翎芳老师培训的六位大厨，一起商量决定，要把翎芳宴变成一个在侨乡村南华又庐内每周末都固定举办的活动。一次性事件和常态化运营，肯定是不一样的。原先是为一次性事件而做的设计，如何在常态化运营上实现品质的稳定，是需要再做考虑和处理的。翎芳老师和地方领导们讨论的结果，是把翎芳宴分成两个版本。仪式版，继续放在南华又庐，同时要成立一个专门的运营和服务团队，把翎芳老师设计的各项细节都固化下来，保证就餐的整体环境和服务过程都是高品质的。简易版，可以直接放到自在楼，省略掉大部分的仪式环节，因为自在楼本身的室内环境和四周景观，已经足以保证就餐的良好体验（图 2-6-4、图 2-6-5）。

事件还包括景观亭下的小溪摸鱼。梅县峰会之后，镇村干部就策划和组织了一次侨乡村的小溪摸鱼活动，还挺受欢迎，后来就成了一项固定活动，每周末举办一次。这个事件虽小，但是对于"自在侨乡"而言，也是个很

图 2-6-3　自在楼翎芳宴

图 2-6-4　顾客在自在楼内体验翎芳宴

图 2-6-5　自在楼观景体验

好的加分项。它的好处是操作简单而效果直观。

侨乡村还需要其他事件，这需要我们开拓思维和努力尝试。

说完事件，再说说空间这条线索。所谓空间线索，就是要找到几个空间场所，让它们能够支撑起“自在侨乡”的文化特点。侨乡村的围龙屋有几十个，但是他们目前还属于未被有效使用的基础资源，好固然是好，并没有起到让人们真正喜爱的程度。

哪些空间场所，能起到支撑起“自在侨乡”的作用呢？比如举办仪式版翎芳宴的南华又庐，比如每月一期讲座和简易版翎芳宴的自在楼，又比如小溪摸鱼的小溪和景观亭。可见，事件是要和空间场所进行合适的匹配与叠加，才能起到有效作用的。我们之所以要从事件线索切换到空间线索，是需要从空间角度，来判断它们是否已经能起到支撑起文化主线的作用。

而从空间角度看，目前的点位就显得数量少而且强度不够了。考虑到这一点，我的建议是把毅成公家塾做一些布置和改造，让它成为一座有品位，并且带点时尚感的乡村书屋。这个乡村书屋要好好设计，同时也需要好的管理和运营。小温总和他的团队已经在运营自在楼咖啡，可以考虑请他们一起把书屋给打理了。当然也可以考虑到梅州市里找专门的读书会来做专门的运营。专业的人做专业的事，效果或许会更好。

在文末，我们做一个简单的小结：挖掘和确定乡村保护发展的文化主线，意义很重大。从长远的角度来说，只有围绕一个大目标，才会让我们不会过于关注眼前的经济利益。而从近处讲，有一个明确的目标，才可以统一调度现有的各方资源，集中火力，攻下难关。

围绕乡村的文化主线而设计的空间和事件，它们首先是要互相匹配和互动的，需要产生某种程度的化学反应。其次，空间本身还要具备高品质，同时要植入一定程度的现代性。而事件，由于是处在乡村保护发展的初期阶段，则最好是容易操作、便于重复同时又是效果易见的。

七　峰终定律与乡村遗产

2018 年 7 月 27 日

这是一个时髦的话题——峰终定律。如果是商业界的朋友，对峰终定律一定不会感到陌生，它是前些年在商业界被广泛应用和广泛讨论的一个现象级“定律”。

（一）峰终定律

峰终定律，是诺贝尔经济学奖得主丹尼尔·卡尼曼于 2002 年提出的一个理论（图 2-7-1）。卡尼曼将心理学的研究应用于经济学，指出影响人们体验的是“峰”和“终”这两个关键时刻。峰就是高峰的意思，就是过

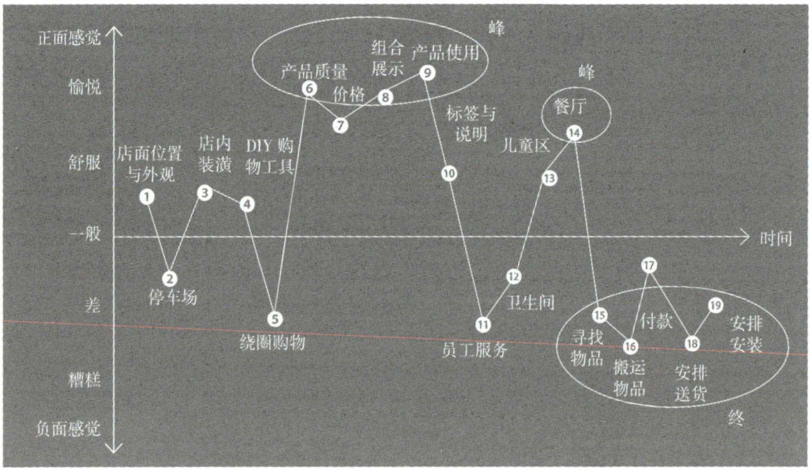

图 2-7-1　峰终定律

程中所产生的高峰体验，包括好的高峰体验和差的高峰体验。终就是终点，就是结束时给人留下的印象，也包括好的印象和坏的印象。

按照峰终定律，整件事情，除了高峰和终点之外，其他环节——也就是大部分环节，都将被人们忽略和遗忘。这就是峰终定律为什么很重要，并且在商业界会掀起如此广泛热议的原因。因为它为企业提供了一个有效控制成本的方法论。

所有商家都知道，优质的产品和服务才能赢得顾客，才能在市场竞争中站稳脚跟。为了保证优质，商家就要把产品和服务进行拆解，然后对每个零部件和小环节，都进行不断优化。这也就意味着，优质的产品和服务必然导致高成本和高价。而高价，又很可能把顾客吓跑。到底是用优质来吸引顾客，还是避免高价吓跑了顾客，对商家而言，这可真是个两难的选择。

怎么解决这个难题呢？以前我们经常听说的一个方法是追求“性价比”，也就是在性能和价格之间求得一个平衡（图 2-7-2）。这个方法并没有错，很多大公司也是一直在这样做。但是，比拼性价比对商家而言也是个魔咒，因为比到最后，利润可能就给比没了。而卡尼曼的峰终定律，可以说是为我们提供了另一个思路，让商家有可能避开比拼“性价比”这个魔咒。

按照峰终定律，既然人们对一件事物的大部分环节都将遗忘和忽略，那么，商家就完全可以在这些环节上做最低成本的投入。可以低到什么程度呢？只要不产生太过负面的体验就行。也就是说，别产生负的高峰体验。所以，商家应该做两件事：第一，所有环节，尽量确保及格；第二，在包括终点在内的几个环节上，有意地设计或制造出高峰体验。

图 2-7-2 性价比衡量

成功运用峰终定律的企业有很多。比如宜家在出口处，出售一元钱的冰激凌。逛宜家是一项体力活，好不容易逛完了，腰酸腿疼，这个时候送上来一个一元钱的冰激凌，立刻让人感觉“满血复活”。等过个一两天，腰酸腿疼的感觉全部遗忘，只留下开心的冰激凌记忆，于是又开始憧憬着什么时候再去宜家。

在我的生活和工作中，我感觉对峰终定律运用得最娴熟的，要数航空公司。前几年因为出差多，我的航行里程积够了一张金卡。金卡有什么好处呢？最大的好处是在别人老老实实排队的时候，我可以走贵宾通道，插队先上飞机。其实我这个好处对航空公司而言，是丝毫不增加成本的。而对我来说，也没什么实际上的好处，只是一个身份上的虚荣感。但是，这种虚荣又是很实在的——在众目睽睽之下插队先上飞机的那种优越感，确实是一种高峰体验。是人都离不开虚荣心，念书念到三十岁才参加工作的我也不例外。

等金卡用户对插队已经习以为常之后，航空公司又开始制造新的高峰体验了。这回是让空乘人员来到你的座位，跟你打个招呼、送上一份报纸。其实这个举动也不会增加航空公司的成本，因为空乘人员要做的只是手上拿着一张纸条，上面已经写好了本次航班上的金卡用户名单，挨个对一遍名字而已。但是，这也还是一种让金卡用户体验不错的做法，因为旁边的乘客都在看着你，感觉到你在享受他们没有的特殊服务。

等金卡用户对打招呼、送报纸这些行为习以为常之后，航空公司又需要制造新的高峰体验了。最新的动作，根据本人的观察，是在飞机降落之后，排队走出舱门的那一刻，空乘人员会看着我的眼睛，说“罗先生，祝您旅途愉快！”我觉得，这就对空乘人员有比较高的要求了，因为要记住我的长相，而不是简单地拿着纸条，找座位念名字。

我从航空公司的例子领悟到峰终定律的两个道理：第一，从商家的角度考虑，一个好的峰值设计，最好是对顾客来说是惊喜，但对商家而言是套路，因为套路才是可以保证服务标准的，同时也是最低成本的。第二，峰值体验也不是一直有效的，开始是峰值，用过一段时间之后就成习惯了，换句话说，当顾客也觉得这是套路的时候，就需要重新设计峰值体验了。可见，峰值体验也是需要不断更新的。

那么，峰终定律跟我们从事的乡村工作，尤其是乡村遗产保护的事业，有什么关系呢？要我说，这个关系可能还真的挺大。

（二）乡村遗产保护

我本人大概是从 2012 年开始，将工作重心从理论研究转向保护实践的。在纯理论阶段，作为一个文化遗产领域的学者，我的工作主要是调研和测绘，然后撰写书稿。这些工作可以总结为：挖掘和发现乡村遗产的价值。从事这些工作，只需要一个小团队即可，甚至，如果连小团队都没有的话，自己一个人都能勉强搞定——只要对测绘工作没有很严格的要求就行。福建省建筑设计研究院的首席总建筑师，清华大学建筑学院的老学长——黄汉民老师，就曾经以一己之力，写出了《福建土楼》这本书（图 2-7-3），书里的文字、照片和测绘图，全是他一个人完成的，堪称我辈榜样。

图 2-7-3 《福建土楼》

在转向保护实践之后，我的工作就从个体变成了网络。保护工作所牵涉的面，实在是太多了，不光是价值挖掘，还有规划设计的技术路线、县乡村三级政府组织的协调和村民的协商等，有时候还要考虑投资人的利益。以前只做理论工作的时候，我也经常批评地方政府不懂得文化遗产的价值，只会搞一些破坏文化遗产的工程。现在，当我有机会亲自去做保护的实际工作之后，我就发现，问题真的不那么简单。

我们所接触到的情况，更多的时候并不是地方政府不愿意保护，而是我们作为“遗产专家”，拿不出一整套切实可行的方案，使得保护具有可行性和可持续性。保护原则是有共识的，保护对象也是明确的，地方政府也是可以提供保护和修缮经费的。问题在于，当地方政府真的投入了一笔不小的资金，把遗产专家们认定的文化遗产都进行保护和修缮之后，谁来接手之后的维护呢？由于维护而产生的新问题，又该如何解决呢？有的地方，村民愿意继续居住在传统民居里，这就要解决传统民居的生活现代化的问题。有的地方，村民都已经从传统民居迁出了，这就要解决让村民回来，或者换谁来进驻的问题。

这一系列的问题，已经超出了遗产专家的工作范围。所以，解决不好，说老实话，也怪不得遗产专家。事情发展到这个时候，遗产专家就会分化成两个阵营。一个阵营是回归遗产原则，反正遗产理论是已经形成了的，其他的我不管，你们政府部门去设法解决，我的作用是坚持立场，防止破坏。这个阵营，我们暂且称之为防守派。另一个阵营是去努力协调和整合各方资源，试图找出一条让保护具有可行性和可持续性的道路。这个阵营，我们暂且称之为进攻派。

防守派和进攻派，各有优劣，也各有各的价值。防守派的好处是界限清晰，责任明确，但是通常不利于解决问题。进攻派的好处是面向实际，有利于探索出解决问题的方法，但是也可能浪费了资源却仍然找不到出路。

现在，有了峰终定律，对于进攻派而言，它简直可以说是一道福音。

（三）峰终定律与乡村遗产保护

峰终定律最大的作用是用来指挥成本的走向：大部分环节，尽量及格；少量几个环节，要特意去制造峰值体验。假如我们现在面对一个保留比较完整、而且价值比较高的村落，按照峰终定律，应该怎么办呢？这个问题也可以换个更实在的说法，那就是，我们应该如何使用有限的资金呢？

首先，要尽量让整体环境达到及格线以上。打扫卫生是必须的，这一项也不怎么花钱，但要耗费人力，主要是说服和宣传。景观工程，尤其是水体和步行路的景观，是一定要做的，这有利于提高整体印象，甚至可能制造出一两个峰值体验（这种峰值体验，不管是对村民，还是对游客，都是成立的）。对传统建筑来说，基本的修缮都是必要的，但是对彻底进行大修的传统建筑，就要多加小心了——可以修缮，但是数量一定不能多，因为在这个阶段，资金通常都极为有限，一不小心很快就把钱花光了。

其次，制造峰值是一定要做的。有大面积水体或河流的村落，做水的景观通常有可能出现峰值体验。但是这还不够，还需要 2 ～ 3 处改造或设计得有品位且有趣味，让人能产生良好体验的建筑点位。这个建筑点位，可以是咖啡馆或茶馆，也可以是书屋或博物馆，还可以是民宿，总之是可以让人待得下来，也喜欢待下来的地方（图 2-7-4）。

图 2-7-4　湖南高椅村童书馆（摄影：土斐）

根据我们这几年的经验，凡是整体环境达到及格线，同时又实现 2 ～ 3 处峰值体验的乡村项目，通常都比较容易进到良性发展的轨道。这里的道理其实也很简单：具备这些条件之后，不管是上级领导来参观，还是普通游客来消费，都会让他们产生良好的体验；而有了良好的体验之后，上级领导会带来更多的资金项目和荣誉称号，普通游客带来更多的普通游客；而在这两条线索的共同作用之下，村民们会对村子的未来充满了信心。有信心，就有了一切！

八　为什么要在村里设计咖啡馆

2018 年 8 月 3 日

上一篇文章我们讲了峰终定律，以及在乡村保护的工作里如何运用峰终定律。

（一）峰终定律延伸思考

细心的读者应该已经发现了，遗产价值思维和“峰终定律”思维是有差别的。要是纯粹地从文化遗产的角度出发，那就应该把资金优先使用到文化价值高的建筑或项目上，而不是去做那些看起来“虚头巴脑”的、用来迎合公众和市场需求的面子工程。但是，从“峰终定律”的角度出发，这些所谓的面子工程，似乎又变得很重要了。没了它们，乡村遗产保护的事业可能就只能局限在政府和专家层面，无法扩散到广大的公众领域，也就难以持续。

也有不少朋友对“峰终定律”发表了看法和意见。比如我的学长兼同事——张敏老师，就提出了八个字“抓住重点、以点带面”。这八个字，确实是我们规划界的专业人员在跟甲方单位，尤其当甲方是政府部门的时候，最常挂在嘴边的一句行话。我还半开玩笑地回复了张敏老师一句：“以后可以改叫点面定律。”玩笑归玩笑，张敏老师的反馈在某种程度上，激发了我的思考。“抓住重点、以点带面”的点面思维，是不是真的跟“峰终定律”完全一样呢？如果真的一样，为什么没能统一成一个“定律”呢？

按我的思考，点面思维和峰终定律，至少在三个地方是有区别的：

首先，是点面思维强调了空间，峰终定律强调了时间。具体到规划专业，点面思维通常讲的是整体风貌要过得去，然后要突出几个重点项目；而峰终定律，讲的是要从人的体验角度出发，分析一件事情从开始到结束的全过程，然后从中选择出几个重点环节，进行专门的设计处理。所以，我们在做一个规划设计项目的时候，点面思维和峰终定律如果能同时使用，无疑将更为妥善。

其次，由于两者在空间和时间上的侧重不同，使得点面思维的效率更高，而峰终定律更有利于进行流程和环节上的优化。点面思维，有可能从一开始就对大面上的事物选择了忽略，直接进到少数几个重点项目上。而峰终定律要求设计者主动地对事物进行流程上的细化和拆分。这一步是特别重要的，因为只有拆得开、拆得细、拆得没有遗漏，我们才能知道有哪些环节在事前是被忽视了的，然后才能在下一步对每个环节进行成本和效益上的评估、计算，以确定它是直接被砍掉，还是只要做到及格就行，抑或是要设法提高到让人感到惊喜的水平。

再者，点面思维和峰终定律的区别，还体现在是不是从人的体验的角度出发。总的说来，点面思维强调的是“点”本身要做好，而峰终定律强调的是“点”给人的体验感要好。本身要做好，和给人体验感好，在很多时候是一回事，但有的时候还真就不是一回事。强调本身要做好，我们可能会一直限定在某一个专业领域内，不断地追求专业水平上的完善。当然这并不一定是坏事，但它确实会导致我们忘记，或者至少是暂时看不到，为了达到这种水平而要付出的成本和代价。强调人的体验，我们就有可能从更大的范围，去寻求专业之内和专业之外的成本可能更低的答案。

以宜家为例。上一篇文章我们讲的是在终点的一元钱冰激凌，给人留下了美好的体验。其实在逛宜家的整个过程中，这种以体验为中心的设计，可以说是无处不在的。沙发区，之所以放在游览路线的中间，而不是靠近开始或结束的地方，是因为宜家经营者知道，逛宜家是一件一旦开始就要花很长时间才会结束的任务；时间越长，对商家就越有利，因为它跟销售额基本上是成正比的。在这一点上，宜家可以说是相当“法西斯”的，它在流线设计上就要求顾客们从头到尾逛完宜家，而不鼓励或者说是限制顾客直接去到中间某个地方。但是，时间越长，也就会让顾客感觉越累，这又是商家不愿意看到的结果。所以，沙发区放到了路线的中间附近，而且是上百个沙发敞开了让大家随便坐，这就可以让逛得有点累的顾客稍事休息，以便重整旗鼓，继续下一阶段的购物。同样的设计，还体现在宜家的餐厅。宜家的餐厅位于三楼的出入口，这也正好是顾客逛宜家的中间点，标志很明显，面积也很大，就是为了提示顾客：该休息和补充体力了。北京北四环附近的宜家，光是这一家餐厅的年销售额，就达到了 10 个多亿元。这个业绩放到整个北京的餐饮界，那也是名列前茅的。

设计不光是美观的事，同样重要甚至更为重要的是人的体验。因此，我还想就峰终定律在乡村遗产保护中的应用，做一个属于我们自己的、深入一点的探索。比如乡村咖啡馆。

（二）峰终定律在乡村遗产保护中的应用——乡村咖啡馆

这几年，我们团队在乡村做了不少的落地项目。几乎在每一个项目，我们都设计或改造了一个咖啡馆。从 2015 年在湖南省会同县高椅村，将醉月楼改造成一个书屋式咖啡馆开始（图 2-8-1），到 2018 年 7 月在陕西省留坝县完成的花海咖啡和吊桥咖啡（图 2-8-2），以图 2-8-3 ～图 2-8-6 为例，我们已经设计和改造了 8 个乡村咖啡馆。可以这么说，咖啡馆已经成为了我们做乡村项目的标配。它们每一个单独拿出来，都将会是一个有趣的故事。之所以做咖啡馆，有这么几个原因：

第一个原因，是咖啡馆本身的文化属性。在全球范围内，咖啡馆经过最近几十年的行业演化，已经被塑造成自由和开放的象征。过去的十年，

图 2-8-1　湖南高椅村童书馆的二楼咖啡馆（摄影：王斐）

图 2-8-2　吊桥咖啡（摄影：翁晓勤）

图 2-8-3 西河村咖啡馆室外 (摄影：李君洁)

图 2-8-4 交宫村碾坊咖啡改造后 (摄影：李君洁)

图 2-8-5　交宫村碾坊咖啡改造后室内
(摄影：李君洁)

图 2-8-6　侨乡村自在楼咖啡馆

咖啡业在中国的发展势头也极为迅猛。截至 2017 年，咖啡业巨头星巴克，在中国已经开了 3300 多家，数量居然超过了麦当劳。星巴克的经营理念，就是要成为“第三空间”。所谓“第三空间”，就是指除了办公室和家庭之外的，一个“属于你自己”的空间。办公室是属于老板的，家庭是属于父母妻儿的。在办公室你要扮演下属的角色，在家里你要扮演家长的角色。当然这些角色也都是很重要的，但是作为一个现代人，你心中总有一个时刻挥之不去的、追求自由和个性的梦想。一天之中，绝大部分时间你都在忙忙碌碌，扮演着社会和家庭给你规定了的角色，如果有那么几分钟、十几分钟，是属于你自己梦想的时间，那可是件太享受的事情了。

所以，咖啡好不好喝其实不重要。包括我在内的中国人对于咖啡的口味，并没有那么的讲究和挑剔。大多数中国人与其说是喜欢喝咖啡，还不如说是被咖啡馆内的轻松和自由的气氛所吸引。这种氛围，对于长年接受“守规矩”教育的我们来说,实在是具有一种反差式的魔力。把这么一种“魔性空间”放到传统的乡村环境里，会产生更大的张力和吸引力。

第二个原因，咖啡馆是投资小、运营成本低的公共空间。就单位面积造价而言，咖啡馆的成本是不低的。但是咖啡馆通常总面积都很小，一般不会超过 100 平方米，所以总造价不高。不管是地方政府出钱，还是投资人出钱，压力都不大。比起餐厅和客栈、民宿，咖啡馆对运营的水平要求是最低的，只要有一两个服务员，打扫卫生和端杯送水就行。如果是餐厅，那就需要面积不小的后厨，对厨师还得做专业化的培训。客栈和民宿，更是要配上完整的服务团队，床品和卫浴设备的清洁维护也是相当麻烦的事。咖啡馆还是一个人人都可以进入和停留的公共空间。餐厅如果不消费，顾客们一般是不好意思进去的。餐厅每天也有非营业的时间段，这个时间段内也是不欢迎顾客进入的。客栈和民宿，主要任务是照顾好住店客人，对非住店客人是不太欢迎的，至少是有限制（如果你冒然地进到一家客栈，又受到了特别热情的接待，那就说明这家客栈的生意可能不太好了）。

第三个原因，就要回到“套路”这个老想法上了。上一篇文章提到航空公司的时候说到，好的峰值设计，最好是对顾客来说是惊喜，但对商家而言是套路。我们设计和改造的乡村咖啡馆越多，在这方面积累的经验和教训就越深厚，也就越可能形成我们自己的“套路”。咖啡馆的设计，也是涉及一系列问题的，包括选什么样的老房子来改造容易产生话题性，选在什么位置才最有利于兼顾会议服务和日常经营，内部怎么组织才会产生空间的丰富性和流动性，如何开窗才能获得最大的景观效果，结构怎么处理才能实现在当地最容易施工和工期最短等。我们设计和改造的 8 个乡村咖啡馆，可以说是各有特点，每一个都很不一样，而且都在乡村复兴论坛的会议期间发挥了大作用，这跟我们在这件事情上重复次数多、踩坑多、积累经验多，是很有关系的。

也有朋友们向我反映过，说传统村落里做咖啡馆不合适，过于西化了，应该做茶馆，更符合传统文化的氛围。对这个意见，我是完全同意的，茶馆确实更符合传统文化的气质。如果是纯粹从文化遗产保护的角度来考虑，确实是应该做茶馆，而不是咖啡馆。但是，如果回到峰终定律，回到在目前阶段茶馆和咖啡馆给普通人带来的体验感，我们还是会选择优先做咖啡馆，而不是茶馆。如果是有两个建筑供我们改造和设计，那就可以考虑一个做成咖啡馆，另一个做成茶馆。

就体验感而言，茶馆现在给我们的感觉是两类。一类是历史上曾经风靡过的市井式的茶馆（四川场镇上现在还有不少，当地人把去茶馆喝茶聊天称为“摆龙门阵”）。此类茶馆，开放性倒是有了，但是在舒适性和个性上就差一些。更重要的，是它的环境偏于吵闹，不适合现在消费者需要安静一些、以便自己看书或朋友交流的行为特征。另一类茶馆，是最近这些年发展起来的，主要服务于精英阶层的精致茶馆。此类茶馆，舒适性和个性都不缺，还很安静，但是多半缺少了开放性，因为它的内部一般会划分成多个小型的封闭空间。就喝茶这件事的本质来说，也确实更合适三五知己，关起门来，细品慢聊。这也就意味着，我们中国人给茶下的定义，就不是一个具有公众属性的产品。这是茶和咖啡的最大区别，也是我们在乡村里优先选择咖啡馆，而不是茶馆的原因。

传统的乡村遗产，需要公共性和开放性来做平衡，以便更好地融入现代生活。传统的茶馆无法实现这种平衡，而现代的或者说是西方化的咖啡馆，反倒是可以。设计得当的咖啡馆，非但不会弱化传统的空间，反而会通过开放性的引入，使得传统显得更传统。

第二章

村里开大会

一　你所不知的中国古村镇大会“内幕”

2017 年 11 月 24 日

说起古村镇大会，到 2017 年已经举办了三届了，前年也就是 2015 年在乌镇举办的第一届（图 3-1-1）。当时叫古村大会，在开完会的当天晚上，主席团开总结会，作为大会东道主的乌镇总裁陈向宏先生就建议改名为古村镇大会。陈向宏先生之所以提这个建议，也有实际的考虑：既然我们开了古村大会，那就一定会有人去开古镇大会。与其这样，不如自己先亮出这面旗帜，把这个“位置”给占了。乌镇毕竟是一个古镇（图 3-1-2），不是古村。古村大会改叫古村镇大会，乌镇就更加可以名正言顺地作为主办方之一了。

首届中国古村大会，可以说是一炮打响，成为一个现象级的会议（图 3-1-3、图 3-1-4）。“火”到什么程度呢？离开会还有半个多月，500 个会议名额就全部报满了。我记得是在一天夜里的十二点多，秘书长李永良给我打了电话，商量要不要立刻关闭报名通道。会议场地是可以容纳七八百人的，但是酒店房间数量可不一定够，所以不能只考虑会议厅大小。这是一个系统工程，一切都是按规模的基本参数来定，不可以说变就变。

所以，这个问题其实也没什么好商量的，当然是要“关门”。关了之后可以有选择地再放开一部分，没关可就难免失控。开会报到的那天，不报名直接到乌镇要求参会的人依然很多，组委会不得不包了乌镇景区外面的两家酒店，作为临时参会者的住宿地。

大会的内容也很好、很精彩。演讲嘉宾都是经过精挑细选的，首先是

图 3-1-1 首届古村大会开幕式
（图片由古村大会组委会提供）

图 3-1-2 乌镇夜景
（图片由古村大会组委会提供）

图 3-1-3　首届古村大会会场（图片由古村大会组委会提供）

图 3-1-4　首届古村大会媒体专访（图片由古村大会组委会提供）

要有好的一线实践经验，其次是要善于演讲。还有一条很关键，就是要尽量涵盖乡村的不同领域和不同专业。再小的村子，涉及的环节、领域和专业都很多，而站在其中任何一个领域或专业去看其他人的观点，都经常是有问题的。这样跨学科、跨领域的会议内容，不但让普通参会代表的学习效率最大化，就连演讲专家本人也都觉得大有收获。

我作为首届中国古村大会的执行主席，全程参与了会议的策划、组织和执行过程。这确实是一次实战演练，收获特别大。它为我和我们团队从事乡村规划设计的落地实践工作，打下了坚实的认知基础。老话说艺多不压身,这话只有当你真的“艺多”的时候才会真正有理解。“艺不多”的时候，可能自己还感觉挺好，完全不知道前方已经有一个大坑在等着你摔跟头了。

当然我这么说的时候也是要非常小心的，因为，既然现在的我会觉得之前的我有错，那就不能保证将来的我不会觉得现在的我没错。要想不断成长和进步，就得永远保持一颗既自信坚决，同时又谦虚开放的心。这话说着挺轻松，要想做到确实很难。我们总是这样，不是偏左了，就是偏右了。这是个关乎人性本质的问题，好像也没什么好的解决办法，只能靠自己经常提醒自己。陈向宏先生在今年的大会演讲中就说,他之所以一直自称是“包工头”，有一个原因就是怕自己会膨胀。

说回我本人在古村大会上的收获。所谓艺多，尤其体现在这个方面：乡村遗产的保护，不是一个点，而是一个链条。在这个链条上，不只有抽象的遗产原则和理论，还包括技术手段是否可行、实现该技术手段的成本是高是低、用该技术手段实现之后是否满足使用功能、是否让人喜欢、它的后续维护又有什么人或者机构来负责、这些人或机构的资金又从哪里解决，他本人能解决多少、政府能解决多少、如果要靠市场的话又如何去创造市场。当你考虑到这一项项实际的问题之后，就会逼得你去穷尽脑汁，要想出更合理、更经济有效的方法和策略。

其实在大多数时候，有效的方法和策略都不是靠自己想破头皮给想出来的。人的脑力其实特别有限，想不出就是想不出，再努力也没用。那又怎么办呢？答案是靠“抄”。这里说的抄，是带双引号的。我们得有这样一个信念：大部分我们觉得特别难，特别头疼，甚至完全无从下手的问题，其实早就已经有别人给出解决方法，只是我们见识少，视野小，没看到而已。这里说的“别人”，可能是相邻的领域，也可能是类似的情境，总之要将它们发现出来也是需要一点眼力和阅历的。眼力和阅历又是靠积累的，所以组织一个内容好的大会的意义就显露出来了。它可以让我们在最短时间内扩大阅历、增强眼力。

二　为什么要在村里开大会

2018 年 3 月 16 日

再过一个月，准确地说是 4 月 16—18 号，我们将在广东省梅县的侨乡村和松口镇举行一次特殊的大活动。乡村复兴论坛这个专门“在村里开大会”的活动，转眼间就要办到第五次了。

乡村复兴论坛是由清华大学建筑学院、北京绿十字、中国扶贫基金会等机构共同发起并主办的一个专门针对乡村实践领域的会议组织。2018 年的乡村复兴论坛，主办单位一共有五家，除了前面说到的三家之外，还有两家年度主办单位，分别是开始吧 & 借宿和寒舍（北京）旅游投资管理有限公司。

乡村复兴论坛的第一次大会，是 2016 年 4 月在大别山腹地的河南省新县西河村召开的（图 3-2-1）。第二次转战到了黔北山区的桐梓县中关村。第三次还是在贵州省，不过是在黔东南州的山区——台江县的交宫村和红阳村。第四次我们转移到了山东省的海边，是在日照市的一个滨海渔村。

现在，面对马上要举办的第五次大会，我本人作为论坛主席，觉得有必要回顾和反思这个会议事件的产生与变化过程，以及未来可能的发展方向。

（一）从“村里开大会”说起

乡村实践，总的说来还是一个新行当。过去的十年左右，我们有新农村建设，有美丽乡村建设，现在中央又提出要乡村振兴。新农村建设和美

图 3-2-1　新县西河村乡村复兴论坛会场

丽乡村，单就政府投入和宣传力度而言，不可谓不大，但是实效性似乎尚未显现。所以我们认为，这还是一个探索中的领域。

探索中的领域，认知是最大的困难和挑战。一般来讲，认知和行动是分开的。有的事情是认知易、行动难，比如换位思考这件事，说起来简单，真正做起来非常困难。也有的事情是认知难、行动易，比如科学原理，很多事情根据经验就可以做了，但要知道背后的道理就非常困难。明代思想家王阳明提出了“知行合一”的理念，认为“知”和“行”是一个不断交互学习的过程，要在实践中提高和调整认知。这也是我们做乡村工作这几年来的一个深刻体会。乡村复兴论坛就是“知行合一”的一次求解。

开会是为了干什么呢？为了汇集各种各样的知识和信息。这些知识产生自哪里呢？通过会议平台，将各位演讲嘉宾带来的一些有创新性、实效性的设计和经营案例呈现给其他参会者，然后通过正式的传统媒体和富有活力的新媒体进行信息再生产，再传播到更广阔的范围，促使更多人在实践当中结合这些新知识、新经验，并且根据自身特点做出调整和再创造，以此对行业发展起到一个推动作用。这是乡村复兴论坛开会的一个目的。

（二）开会，是一种怎样的体验

把会开好，并不是一件容易的事。开会一般具有三个作用：信息的上传下达、专业性的行业交流和新思想的传播。思想传播尤其需要发挥在跨行业、新趋势等一些新生事物上。乡村建设在中国虽然有比较长的历史，但事实上，现在的乡村建设充满了新的思考、新的技术和新的挑战，远远说不上成熟，特别需要运用会议场合来进行讨论和传播。

开会是我们很多人的生活常态。我们对大多数的会议的体验是这样的：大部分内容都是让人乏味和疲惫的，可能有 10% 左右的内容是不错的。为了得到那 10%，就要花足够多的时间参会。

在乡村领域,如何让会议开得高效？2015 年 11 月的首届中国古村大会，我们在乌镇做了一次尝试。这次会议是什么开法呢？

第一是选好会址。古村大会，最好是在某个村里开，但是放眼全国，当时还真的没找个具备这样条件的古村，退而求其次，找个古镇，所以就选在了乌镇。当然这一条跟乌镇总裁陈向宏先生的大力支持是分不开的。

第二是实效性。古村大会不同于学术会议，邀请的演讲者并不是学院派的专家学者，而是工作在一线的实践家，包括村镇干部、县领导、规划师、设计师、营业者等。

第三是把关内容。我们要做到形式最小化和知识最大化。形式最小化，是把开幕式、领导致词等环节都尽量缩短。知识最大化，是要覆盖乡村的设计、规划、保护、旅游、文化创意、手工艺、农业、村集体建设等各个环节。我们提出了一个简单的评判标准，即演讲者最近两年内要有成功实践经验或新颖启发性观点，以此确保参会者的每一分每一秒都有收获。我们认为，这是对参会人员最大的尊重。

第四是控制时间。每位演讲约 30 分钟，时间长了听会人员易疲乏，效果不好；时间短了演讲人员容易紧张，效果也不好。

第五是专业化会务。从会前宣传到会中服务，会务工作都力求专业化，包括会后的追踪也尽量做到职业化。

第六是媒体矩阵。首届中国古村大会邀请了三四十家媒体，通过媒体矩阵帮助宣传，再加上发起人的推广，作用非常显著。

古村大会是我们第一次在乡村领域开得比较成功的会议，取得了不错的成绩。会前半个月，名额全部报满。因为会场容量有限，不得不紧急关闭报名通道。参会目标 500 人，实际参会 750 人，大大促进了古村保护与活化的行业交流。通过这次会议，树立起一个会议品牌。在正式开会前，我们就已经确定了第二届古村大会的选址。

（三）能不能把大会开进需要保护的非旅游热点区

首届古村大会结束之后，我们开始探讨一个问题：在乌镇办好这个会，是因为乌镇地方好还是这个会议好？可能两个原因都有。那么，能不能把大会开到一个需要保护、需要推动的地方去？在当时，我们这个团队在新县已经做了两年的设计，获得了县领导和村民们的认可，所以我们就把这个设想拿去跟新县的领导们商量。

新县领导提供了三个选择：一个是大别山干部学院，一个是新县宾馆的礼堂，还有一个是在我们做项目的西河村。到底选择在哪里开会？最后，我们勇敢地选择了西河村（图 3-2-2）。第一个原因，是我们西河村做了两年的实践，对它是既有感情又有了解。第二，是西河村已经进行了改造，中央美院的何崴老师把两个粮库改造成了村民中心和博物馆。村民中心就是给村民开会和吃饭的，这就有了很好的会场条件。第三是在村里开会，跟在五星级酒店开会有很不一样的体验，我们认为很可能是极致的体验。第四是在做乡村规划设计的时候，对于一些改造项目总是会犹豫（改造就要花钱，而花钱并不确定能获得满意的效果），但如果是为了完成一项重大的事件，就不会有太多的考虑和纠结。会议事件具备很积极的作用，能倒逼规划设计的落地实践。第五是西河村开大会有着重要的意义。我们相信这能让西河村再拔高一个台阶。出于这些考虑，乡村复兴论坛的第一次“在村里开大会”选择在了西河村。

（四）第一次在村里开大会：面对困难，一一拆解

在西河村开会要处理一系列的问题，要一一去化解。比如，吃饭怎么办？东道主总希望把最好的餐食提供给客人，但乡村显然不可能像五星级酒店一样提供精美丰盛的食物，那就按照村里的方法来办。在西河村采用流水席的方法，虽然吃得不一定可口，但更多的是享受了一次体验。住怎么办？我们加紧工期，在村里建出了一家民宿，提供了16间客房，安排了部分演讲嘉宾入住；大部分参会代表，还是住在了县城。交通怎么办？我们组织了四五十辆大巴车，把参会者从县城拉到村里。这期间如何保障安全和保证秩序，还要节省宝贵的开会时间，很多细节需要提前考虑和安排好。还有，声、光、屏幕、桌、椅怎么办？这些技术问题，说起来都不复杂，但是做起来就很麻烦，特别需要耐心和经验。面对种种困难，我们一一拆解，最后发现它们都不是太难的事情。

2016年4月我们在新县西河村举办第一次乡村复兴论坛（图3-2-3、图3-2-4），邀请了六国专家，一共有45位演讲人。这是一次规模很大的会议。因为会场受限，我们经过事前测算，确定了450人的会议规模，但是来参会的人实在太多，最后是达到了630人。其中好些参会者，是不经过网上报名，在会前直接赶到会场的。这个规模，对会务团队而言是一次巨大的挑战。会议中间也出了一些意料之外的问题，不过经过会务团队和新县领导们的努力，也都算是获得了妥当的解决。我本人印象最深刻的环节，是我们在停车场旁边搭架子拍了一张630人的大合影。那场面，真是壮观！

“在村里开大会”是一个大事件。开会那两天，西河村的全体村民感觉比过春节还隆重。他们组织了一个庞大的厨师团队，为参会代表提供餐食

图 3-2-2　西河粮油博物馆——
村民活动中心 (图片由陈龙提供)

图 3-2-3　新县西河村乡村
复兴论坛会场

图 3-2-4　新县乡村复兴论坛花絮
(图片由乡村复兴论坛组委会提供)

保障。会议期间，会场内非常火爆，而会场外的村子则显示出一片安宁的景象，这是一种巨大的反差。开会累了出去河边走一走，那种体验感非常好。我们还组织了一个强大的微信直播团队，在每一位演讲嘉宾讲完之后的3分钟，200字内容摘要就已经整理并发出，这是一个专业化的操作。

首次乡村复兴论坛之后，很快就到“五一”。2016年的五一假期，西河村到访的客流量达到了几万人。西河村的知名度和软硬件水平，都得到了很大程度的提高。乡村复兴论坛的会议品牌，也得以树立。

（五）一年不止一次的大会

有了在西河村的第一次尝试，我们发现在村里开会和在五星级酒店开会有一个最大的不同，就是在村里开会一年可以不止开一次，因为参加者将会从全国范围，变成以当地及其附近区域为主。这对会议团队来说，是非常有利的消息。乡村复兴论坛之所以能够提供细致的专业化的服务，是因为有一个稳定的会议团队。如果一年只开一次会，这些人员是无法稳定下来的，因为开完会就有半年多的时间没事干了。而一年不止开一次，这些人员就有可能稳定下来，因为频次上来之后，大伙忙完这次会议就可以开始张罗下一次会议。人员稳定的问题通过这个方式得以解决，是我们之前没有预料到的。

第二次在村里开大会的选址是贵州省中关村，那是一个由烤烟大棚改造而成的会场（图3-2-5、图3-2-6）。改造设计的水平相当高，会场的体验感是非常好的。中关村的会议结构减少到4个版块，演讲内容大部分更新，规模控制在350人，会场和会务环节也进行了细化调整。总的来说，是控制了规模和成本，让会议更加高效。这次会后，乡村复兴论坛的基本格局就算是确定下来了，以后每次开会我们要做的事情就是持续发现和更新会议内容，并且逐渐优化从会前到会中以及会后的各个环节。与此同时，我和秘书长也腾出了更多的精力，来思考和推进与会议相关的延展项目。

图 3-2-5　设计改造后的中关村烤烟大棚

图 3-2-6　乡村复兴论坛桐梓站（李昌平先生正在演讲）

2017年6月，乡村复兴论坛在贵州省台江县交宫村与红阳村举办了第三次会议（图3-2-7）。这次会议主要是推动了开会与规划设计实践的结合——或者换句话说，是用开会这个事件来倒逼乡村规划的落地实施。

交宫村和红阳村，都是保留非常完整的苗寨。设计施工与环境整治的过程有些曲折，都是当地干部和规划人员一起，加上村民共同参与，一点一点地做工作。村里上上下下，做了五次彻底的大扫除。我们做了相当专业的景观照明设计，其设计指导思想是既要维持乡村在日常时候的静谧感觉，又要在重要节庆时将重点建筑提亮。我们将老村委会改造成了小型多功能综合体，在里面摆满了土特产，还成为农业用具的陈列室。村干部还帮我们找到一台老拖拉机，并且将它搬到了老村委会的门口。这台承载着知青美好回忆的老拖拉机，同时也是一件乡村景观作品。我们还修复了一个废弃多年的碾坊，并且将里面的一个小角落改造成了小咖啡馆，让到访者可以一边喝咖啡，一边欣赏水碾的转动。

开会期间，从机场和高铁的接站开始，迎接仪式就充满了苗族特色（图3-2-8）。开放式会场的外围，老少村民齐来参会，有村里最年长的80岁老人，也有几个月大的孩子，这是参会代表与村民之间的一次最佳互动，也是之前没有预想到的。还有偶像漫画广告牌、苗族服饰秀、长桌宴、苗族银饰和山区蜂蜜等与会议配套的内容，所有这一切，创造了很好的参会体验和很多的思想启发（图3-2-9～图3-2-11）。会议结束后，交宫村与红阳村也出了名，暑假期间不断有夏令营和考察团来到村里。这里的海拔比较高，温度比较适宜，通过会议的宣传推广，自然就成为很好的避暑旅游目的地。

（六）以“会议+”推动模块化乡村实践

乡村复兴论坛的第四次，是2017年9月在山东省日照市的海边开的

图 3-2-7　乡村复兴论坛台江峰会交宫村会场

图 3-2-8　乡村复兴论坛台江峰会交宫村入场仪式

图 3-2-9　台江峰会红阳村会前小节目——芦笙队过祭祀桥

图 3-2-10 台江峰会红阳村会前小节目——银饰队过祭祀桥

图 3-2-11 台江峰会交宫村长桌宴

（图 3-2-12）。虽然这次会议并没有实现与落地性的规划设计相结合的目标，但是我们在以下两个方面取得了重要的突破。

首先是会议品牌的进一步提升。品牌提升的标志，是这次会后不久我们就把 2018 年的三个开会地址都敲定了。2016 年和 2017 年，我们各开了两次会，2018 年我们将会议增加到三次。会议次数之所以增加和提前确定，是因为来找我们合作的地方政府多了。"村里开大会"作为一个事件和一项机制，得到了各方认可。它在某种程度上解决了长期以来乡村规划不落地、乡村建设目标不具体的问题。

另一个方面，是我们开始从演讲嘉宾中发现并实现乡村实践工作的模块化。什么叫乡村实践工作的模块化？就是把乡村实践这根链条上的每项工作，都落实到专门的人或者团队上，而且要让他们之间实现互相支撑、互相衔接，而不是摩擦损耗。这么说可能还是比较抽象，我们还是回到具体的人和项目。

1. 模块一：会议内容

乡村复兴论坛邀请的演讲嘉宾，不看名头，看实效。我本人和秘书长

图 3-2-12　乡村复兴论坛日照山海天峰会（图片由乡村复兴论坛组委会提供）

李永良尽最大努力地参加了各种跟乡村有关的会议，也安排出了尽量多的时间去实地考察了全国各地不同类型的乡村案例，以便保持对乡村实践领域的前沿信息有着最紧密、最持续的跟踪。

2. 模块二：会务本身

这项工作其实从第一次开乡村复兴论坛就开始了，我们有一个专门组织和服务于会议，同时又能开展宣传工作的团队。有了这个专门的团队，就可以对会务的所有细节进行不断地优化、创新和试错，使得每次开会都比上一次有更好、更高效、更流畅的体验。会务工作看似简单，真做起来其实是特别需要耐心和细致的，我们很幸运能拥有这支年轻而充满活力的队伍。

3. 模块三：落地性的规划设计

新农村建设和美丽乡村，也有大量的规划设计，但是大多是不落地的，所以这些规划基本上是白做了。乡村需要的是能落地的规划设计。在2016年的河南省新县西河村和贵州省遵义市中关村，我们是把规划设计任务做完了之后，才想到要开一个大会的。在2017年的贵州省台江县交宫村和红阳村，我们就把开会事件和规划设计进行了绑定，先定开会日期，再倒排规划设计任务。2018年的三次乡村复兴论坛，我们都延续这个机制。负责规划设计的团队，主要是北京清华同衡规划设计研究院的传统村落研究所，另外会根据各个项目的实际情况增加合作的设计队伍。我本人是传统村落研究所的创始人之一，我们这个团队在落地性乡村规划设计这项事业上，已经积累了五年的经验，可以说是国内最有经验也最有成效的乡村实践团队之一。

4. 模块四：民宿众筹平台——开始吧

开始吧是近年来出现的一个专注于新型生活消费领域的众筹平台，借宿则是从开始吧拆分出来专门负责民宿众筹的业务板块。国内比较好的民宿，大多在借宿上做过众筹。借宿也凭借着强大而专业的服务和宣传能力，对知名民宿产生了超强的凝聚力。开始吧 & 借宿早在 2017 年初，就成为了乡村复兴论坛的年度主办方之一。在贵州台江和山东日照的大会上，开始吧 & 借宿都承担了其中的民宿版块。众多一线民宿品牌的创始人亲自到会，分享他们的创业经历和运营经验，对会议本身而言是极好的内容，对地方政府和当地民众来说则是优质的培训，还创造了将知名民宿品牌引入当地的机会。

5. 模块五：新媒体推广

我们的会务团队可以开展一部分传统媒体和新媒体的宣传工作，但是我们对此有自知之明，在专业度上我们是远远不够的。2017 年底，新浪微博跟乡村复兴论坛签约，成为论坛的独家新媒体机构。新浪微博为 2018 年的每次会议，量身定做具有针对性的系列宣传活动。比如 4 月在广东省梅县召开的会议，新浪团队就制订了主题为“来了就是客”的活动。梅县是客家县，梅州也被称为“客都”，“来了就是客”是一句双关的口号，既好记又有特殊意义。而针对 6 月份在陕西省汉中市留坝县举行的会议，新浪团队就为一座老电影院制订了一个“寻找老放映员”的活动。在新浪微博加入之前，我们的宣传平台主要是在微信上。在此之后，我们同时有微信和微博两个宣传平台。我们对此有一个形象化的比喻，那就是从封闭的会议室转战到了开放的广场。

6. 模块六：专业化的运营机构

前几次乡村复兴论坛，地方政府都表达出在会后有持续性的乡村运营和村民培训的强烈意愿。我们认为这件事的确很重要，从长期而言甚至事关乡村的最终成败，所以也投入了比较多的时间来思考。经过大约半年的多方接触和考察，我们和两家机构达成了合作协议。一家是寒舍（北京）

旅游投资管理有限公司，承担了专业化乡村运营的工作。另一家是隐居乡里，承担了村民培训的工作。寒舍是北京最早也最知名的民宿品牌之一，2017年得到了东方资产的注资，开始走向连锁化的道路。我们和寒舍董事长殷文欢先生商量好，在2018年乡村复兴论坛每次开会的地点，都尽量促成地方政府与寒舍的合作，为寒舍入驻创造可行条件，而寒舍也成为乡村复兴论坛2018年的两家年度主办方之一。

7. 模块七：专业化的村民培训

北京的隐居乡里，是我们的老朋友陈长春先生于2015年创立的专注于高品质乡村度假服务的品牌。隐居乡里经过一年左右的探索，成功地解决了北京郊区传统民居改造技术和村民管家培训的规范化、标准化的问题，目前已经在京郊的三个村落实现了跟村委会以及当地村民的深度合作，开展起规模化的经营。我们在2018年每次开会的地点，也都尽量促成当地政府和隐居乡里的合作，由前者挑选10名当地村民和返乡青年，送到后者在北京运营的乡村，进行为期一个月的学习和培训，之后隐居乡里还会从中挑选出一人，支持他（她）回到当地的乡村，并且进行为期一年的持续跟踪指导。这是一个很小的项目，但是我们希望它能够起到以小带大的点燃作用，所以给它起了一个名字，叫“火种计划”。

8. 模块八：地方食材挖掘与美食研发

负责这个模块的是翎芳魔境。翎芳魔境是台湾美食家王翎芳和她的搭档贴布导演（摄影家徐尧鹏先生）共同创立的生活美学品牌。经过反复商讨和研究，他们为2018年乡村复兴论坛的几个举办地，进行当地食材和传统美食的挖掘和研究，并在此基础上进行再次创作，设计出一套在王翎芳女士指导下、由当地村民烹饪出来的菜品。这一套菜品，就是我们开会第一天的晚宴。对翎芳魔境和被指导的村民来说，这都将会是一次大考。

9. 模块九：手机摄影规划

这是我们为手机摄影达人——蔡志勇先生，量身定做的一个工作模块。在 2018 年的每个开会地点，蔡志勇先生都会在其附近寻找出几十个适合手机拍照的点位，并将其规划成一条线路。只要按照蔡志勇先生设定的线路、位置、动作和角度，所有未经专业训练的普通人，拿着普通的手机，都可以迅速地拍出堪称完美的照片。这是一项鼓励大家在微信和微博上“晒照片”的活动。当大家都在晒照片的时候，实际上就是在非常主动地帮助当地做了免费宣传。微信和微博上发图片，都是一次限九张，所以我们将这个活动命名为“九图计划”。

以上九个模块，除了我们自己承担的之外，全都是来自于乡村复兴论坛的演讲嘉宾。他们有的是在开始举办会议之初就已经在做，并且在后来又不断改进和完善的，有的则是最近才被挑选和设计出来，需要在实践中观察效果的。模块的设置并不是容易的事，简单地把乡村工作各环节分拨给相应的专业者是不可以的。它需要满足两个条件。一是模块本身要成立，也就是模块自己所带来的效益要大于它所消耗的成本。二是模块之间要互相支撑，也就是各模块负责人对于乡村工作的价值观要一致，而且具体内容上还要互补。我们在文章的开头就说过，乡村实践是一个正在探索中的新行业。新行业的特点，通常是各家有各家的理论，各家有各家的做法，既缺乏共同的认识基础，也很难被别人说服。在这种情况下，模块的设置就要特别小心谨慎。

另外，是不是这些模块就够了呢？当然不是。就目前而言，我们认为至少有一个工作模块还是缺乏的，那就是社区营造。乡村运营和村民培训已经部分地涉及社区营造，但是远远不够。我们也正在寻找有兴趣和有能力承担此项工作的团队，希望在近期就可以解决这个问题。

（七）结语：会议事件要实现什么

“村里开大会”最终要实现的是振兴乡村。我们希望通过会议系统的不断完善和会议内容的逐渐拓展，使得乡村复兴论坛开得更丰富、更有趣、更专业化，同时也更具有跨界启发的作用。

这篇文章的内容，部分取自于2017年度的乡村复兴论坛演讲文集。乡村复兴论坛文集的书名叫《在路上》，我们计划每年出版一辑。2016年的论坛文集，出版于2017年5月，我们在贵州省台江县的会上举行了一次小型但是很正式的发布会。在4月的梅县会议上，我们也将为2017年度的论坛文集，举行一次这样的新书发布会。负责整理和出版2017年度论坛文集的，是中国建材工业出版社，清华同衡规划设计院为本书的出版提供了资助。在此一并致谢！

三 “村里开大会”开启3.0模式

2018年4月20日

这篇文章是在周二，也就是4月17日的晚上完成初稿的。4月17日是乡村复兴论坛·梅县峰会正式召开的第一天，开会地点是在梅县松口镇。作为论坛主席，我在开幕式上要做一个简短的发言。因此，我把这篇发言转述给各位读者。

各位远道而来的村友们和梅州市、梅县区的领导们，大家上午好！

今天，我作为乡村复兴论坛的主席，同时也作为一个还算地道的客家人，对各位来到客都梅州表示诚挚的欢迎！

乡村复兴论坛，是由清华大学建筑学院、北京绿十字、中国扶贫基金会、东方寒舍、开始吧&借宿等五家机构共同主办的，专门针对乡村保护与发展实践领域的一个会议组织。论坛秉承“在村里开大会”的宗旨，通过会议事件来整合研究、宣传、规划、设计、运营、培训等各方资源，最终达到激活和保护乡村文化的目的。

我们的论坛从年头上说，已经开到第三年，从次数上说则是第五次。第一次大会，于2016年4月在大别山腹地的河南新县西河村召开，距离今天整好是两年时间。回顾这两年来已经开过的四次峰会，以及本次梅县峰会从筹备到召开的过程，我觉得可以下一个这样的结论：2018年的梅县峰会，以及今年后面的几次峰会，将会是乡村复兴论坛的3.0版。

2016年的两次大会，是乡村复兴论坛的1.0版。1.0版的特点，是做好了硬件再开会。河南新县西河村（图3-3-1）和贵州桐梓县的中关村（图3-3-2），都是把主要的规划设计任务基本完成之后，才着手组织会议的。会议起到的作用，主要是宣传推广和知识培训。

2017 年 6 月在黔东南的台江县召开的第三次峰会（图 3-3-3），就属于乡村复兴论坛的 2.0 版了。2.0 版的特点，是先定开会再倒排硬件建设，利用开会这个事件，统筹县内各方资源，统一县里各方认识，使得大家在一个时期内认准一个清晰的目标，集中力量将其实现。在这个阶段，会议就有了第三个作用，那就是规划设计的落地实施。会议事件和规划实施的绑定，使得乡村复兴论坛在某种程度上具有了发动机的属性。

2017 年 9 月，我们在山东日照举办了第四次峰会。在这次会上，我们有一个重大收获，那就是开始在演讲嘉宾中发现和创造出会议的拓展和深化内容。我将这种拓展和深化称为会议内容的模块化。

模块化之后的乡村复兴论坛，就属于 3.0 版。

梅县峰会，一共有九个模块，分别是演讲嘉宾、会务组织、规划实施、民宿众筹、新浪微博、乡村运营、管家培训、美食研发和手机摄影。前四个模块，是之前会议就已经有的内容，我们要做的是每次进行优化。第五个模块，即新浪微博，是在第四次峰会上加入的，今年又进行了深化和调整。后四个模块，则是经过最近半年的思考、讨论和研究，才新增加的会议内容。

今天上午的会议，各位代表将会听到手机摄影大师蔡志勇的演讲（图 3-3-4）。他所承担的手机摄影模块——我们将其命名为“九图计划”，是极为有趣，也极为让人开眼界的工作板块。他一定会勾起大家用手机拍出好照片的欲望，甚至换掉手机的冲动。

明天上午的会议，各位将会听到台湾美食家王翎芳老师和贴布导演的演讲。他们二位经过极为仔细的走访和调研，把梅县所有的传统美食和所有的地方大厨都挖掘了出来，然后经过极富创意的设计，研发出了一套针对梅县客家美食的“翎芳宴”。梅县“翎芳宴”诞生的过程，不仅是一套新菜品出现的过程，还是传统与现代碰撞、地方与国际对接和过程，充满了

图 3-3-1 新县乡村复兴论坛

图 3-3-2 乡村复兴论坛桐梓站

图 3-3-3 乡村复兴论坛
台江峰会交宫村会场

故事。翎芳老师和贴布导演还是非常有心的人，他们用文字——有的还录成了广播节目——记录下了每道菜品的发现、酝酿、尝试、调整，一直到最终成品的出现。把这些文字都集结起来，就已经是一部很好的书籍。翎芳宴将会在明天中午在侨乡村正式发布，等待代表们的鉴定。

村民管家培训的模块，可能各位在这次会上不容易发现他们的存在。区政府在会前，挑选了10名村民和返乡青年，送到北京的山楂小院，进行为期一个月的学习和培训。现在,他们都已经回到了梅县的乡村。我们相信，在会后的不久，他们就将发挥出能量。总之，3.0版的乡村复兴论坛，不但强化了宣传推广、知识培训，落地实施这三大功能，还加入了给乡村赋能的新功能，从而真正具备了成为乡村振兴发动机的作用。

本次峰会的召开，恰逢不久前习近平总书记在十九大报告中提出实行乡村振兴战略。所以，我们可以非常自豪地说，这次峰会的举办就是对这一伟大战略的最及时响应，而为峰会做出的所有在松口镇和侨乡村的规划设计工作的实施，就是对这一伟大战略的最快速落实。“乡村振兴，梅县先行”，不仅是一句口号，更是实实在在的行动，而且是卓有成效的行动。这两三天的会议，各位参会代表所看到的侨乡村和松口镇，就是经过将近半年时间的规划、设计、整治、运营、培训的结果。你一定会发现，她们跟半年之前有着巨大的差别。这种差别不仅是面貌上的，还包括精气神上的。在这里，你会发现乡村的生机。

为这次峰会，我们的组委会做了充分的准备。作为东道主的梅县区政府各相关部门和松口镇、南口镇、侨乡村的领导干部们，也为会议的顺利召开付出了艰辛的努力。我们大家的目标是一致的，那就是把大会开好，让大会成为乡村振兴的催化剂。

“来了就是客”,这是新浪微博给本次梅县峰会设计的宣传口号,朗朗上口，也很贴切。我们相信，到客家地区来做客，一定让你享受到做客的美好体验。

谢谢大家！祝各位会议期间，身体健康，心情愉快，收获满满！

图 3-3-4　蔡志勇为梅县峰会拍摄的照片

图 3-3-5　梅江两岸风光（摄影：蔡志勇）

以上是开幕式发言的转述。最后我想谈一点开会的感想。开会最大的收获，当然还是听到了精彩的演讲。梅县峰会演讲的10位嘉宾，从不同角度跟参会代表们分享了他们对乡村事业的深入理解，确实是让人大开眼界。除此之外，有两件事是让我本人印象特别深刻的：一件事是乘船进入会场，梅江河两岸的风光秀美自然是让人心旷神怡（图3-3-5），更重要的是让人仿佛体验到当年“番客”——也就是下南洋的客家人——返回家乡的心情。另一件事是会场旁边的松江咖啡馆。这栋小白楼，是我们传统村落所的总工覃江义的改造设计作品。在会场茶歇和下午会前的时间，在这里一边喝咖啡聊天，一边眺望梅江河的无敌江景，有一种艰苦学习之后的放松感。

四　梅县峰会后的思考

2018 年 5 月 4 日

热热闹闹的乡村复兴论坛·梅县峰会，已经过去两个星期了。梅县峰会是我们“村里开大会”的第五次活动，由于有前四次会议的经验，也由于梅县区各级领导和群众的大力支持，这次会议从筹划到准备，再到实施过程，都比以往有改进。

从会议期间的感受以及会后的反响看，这次会议总的说来是成功的。会议结束之后的这段时间，我本人不断地收到各路村友们发来的参会感言。在微信朋友圈和不同的群里，也经常看到关于会议的持续讨论。大伙儿对会中、会后的种种认可，对于会议策划与组织团队来说，就是最好的鼓励。

尤其让我们会议团队感到欣慰的是，这次峰会通过内部资源的集中展示和外部资源的集中导入，实现了有效的对接，从而让峰会的两个举办地，也就是侨乡村和松口镇，在宣传、运营和培训方面取得了实质性的推进。这表明，乡村复兴论坛已经成长为一个有能力整合各方资源，从而有可能让乡村进入可持续保护与发展道路的平台。乡村复兴论坛的宗旨是八个字：“扎根乡土，激活乡村”。落实到策略和方法论上，就是想尽一切办法，让更多的民众接受并热爱乡村文化和村落遗产，从而让保护乡村的成本扩散到最大的受众面。我们非常高兴，梅县峰会在这条路上走出了非常扎实的一步。

现在，繁华过后，是时候对下一步工作进行冷静分析了。打个比方，会议事件就像是开车打火，眼下这火是打着了，车也启动起来了，接下来的问题是怎么继续开下去，不熄火，而且还开得顺畅？

（一）继续保持“事件驱动”的思维

乡村复兴论坛表面上看是个会议，其实是个事件。利用“村里开大会”这个事件，来推动乡村建设，来扩大宣传效应，来促进培训运营。在梅县峰会这个大事件过后，当地主管部门还要继续策划和组织中型和小型的事件活动，保持发声的频率，这样才可以巩固和扩大峰会的成果。

根据近几年来的经验，事件策划是一种成本比较低，又比较容易产生效果的工作方式，但是它要求有创新思维，跟政府部门惯常的工作套路不太一样。因为这一点，不少地方领导，尤其是身处基层一线的基层干部，对这项工作可能会感到无从下手。有难度的事情，就会往后放。怎么办呢?解决这个拖延症的方法，是要针对侨乡村和松口镇，要分别制订一个年度计划，规定每个月都要有一个正式一点的事件活动，并且把责任落实到专人；等活动结束之后还得有文章报道，最好能实现每周或每两周，发出一篇公众号文章。总之,定时出现是事件驱动思维的第一原则。有了定时出现，再来讨论改进方式和提高效率。

在事件策划中，节庆事件是天然的好抓手。五一、端午、中秋、十一、春节，这是五个大节点。节前要做好宣传推广，要发动村民做好迎接到访客人比较多的准备，包括打扫卫生、志愿者引导、专人讲解、设备检查维护等。端午、中秋和春节还属于传统节日，可以借此挖掘和展现梅县客家人传统的过节方式，让它们成为到访者可以参与体验的活动（图 3-4-1）。前文讲过兴宁客家人的“赏丁”习俗，其实梅县客家也“赏丁”，只是跟兴宁的有些差别。梅县客家的“赏丁”，也是相当隆重的活动，可以成为春节期间侨乡村和松口镇的一项重头戏。

除了五个大节点之外，还可以主动策划出五六个或者更多的活动事件，穿插在五个大节点之间举行。这些活动应该适合于侨乡村、松口镇本身的环境特点和场地属性。侨乡村可以举办慢跑、骑行、稻田晚餐、小溪摸鱼、婚纱摄影这类适合田园环境的活动。松口镇可以举办画舫游江、滑翔伞表演、山歌对唱、非遗展演、小吃大赛等适合古镇码头的活动。

（二）“客侨文化”是价值锚点

所有事件策划都要围绕如何展示“客侨文化”这个价值锚点。文化遗产的价值研究非常重要，它是所有工作开展的前提和灵魂。梅州客家之所以区别于江西、福建以及广东惠州的客家，主要因素是华侨，所以“客侨文化”应该成为梅州着力推广和强化的一个文化品牌。

“客侨文化”在侨乡村和松口镇，又可以说是体现得最为彻底的。侨乡村的几十个大型围龙屋，是清朝晚期和民国时期的客家华侨们在海外挣了钱之后，回馈家乡并且比拼实力的结果。而松口镇，则是整个梅州地区的客家人下南洋都必须经过的大码头。这一动一静，正好见证了那段对客家人而言称得上辉煌的历史。关于这段历史，已经有许多的研究成果，可以选择其中适合大众阅读的内容，逐步刊登在网上。与此同时，也应该继续做纵深的挖掘，比如对当年的知名华侨的后人做专门的采访，以便得到更为生动、具体和真实的历史信息。

我们在会前的一段时间，邀请了清华大学建筑学院的博士生徐腾来考察梅县侨乡村和松口镇。徐博士是公众号“不正经历史研究所”的主办人，曾经在一席上做过一次阅读量超过 200 万的演讲。他来梅县之后的几天，写了两篇文章，从不同于往常的角度来解读了侨乡村的焕云楼和松口镇制作船舵的老匠人。这两篇文章在微信上都获得了相当高的阅读量。此类基于传统的信息，但是又带有现代性的解读文章，特别有利于拉近普通读者和文化遗产之间的距离，应该多写和多发。

（三）峰会上已经成型的活动或产品要设法延续

梅县峰会上新推出的两项特色活动——“九图计划”（图 3-4-2）和“翎芳宴”，都是会议期间的亮点，引起了各界关注，得到了多方好评，应该设

图 3-4-1 梅县侨乡村活动照片

图 3-4-2 梅县“九图计划”之一（摄影：蔡志勇）

法在会后继续开展。

翎芳宴的设计者——王翎芳老师和贴布导演，他们现在人已经到了欧洲的维也纳，但是依然在微信群里对“六茶六菜”的大厨们做各种细节上的建议和指导。而受翎芳宴培训的六家本地餐馆的主人，这段时间也已经在筹划着“把仪式留在侨乡村”。这句话的意思，是要定时地把六家餐馆的大厨都集中在侨乡村来，让客人可以一次性地体验到六茶六菜。梅县峰会翎芳宴的“诞生地”就是在侨乡村的南华又庐，所以这样的活动对于南华又庐和翎芳宴，都是非常有好处的。在南华又庐里品尝翎芳宴，是历史建筑环境和时尚客家美食的完美结合。王翎芳老师在会前，除了研发六茶六菜并且培养大厨之外，还花了相当多的时间来培训侨乡村的几十名村妇。如果“翎芳宴”实现在侨乡村的常态化，对于这批村妇们来说也是一个极大的鼓励。

针对“九图计划”，虽然会后再请蔡志勇老师本人经常来现场指导的难度较高，但是摄影方面的活动完全是可以多开展的，具体方法和形式也可以做调整、尝试。如果能有专业机构将侨乡村的田园和建筑作为婚纱、人像的摄影基地，对于侨乡村的持续宣传将是大有好处，区、镇政府可以考虑主动去联系和引入此类机构。

这两天正好赶上五一假期来临，侨乡村已经针对刚刚开业的自在楼咖啡馆（图 3-4-3），推出了主题为“自在侨乡”的摄影大赛。这项活动既是对梅县峰会的趁热打铁，也是对“九图计划”的及时呼应（本次摄影大赛，除了设有奖金之外，还专门对在微信朋友圈里发出侨乡村九张图的作者，提供自在楼咖啡馆的优惠券）。这样的活动，很值得鼓励。

（四）持续的学习和培训

主管乡村工作的部门领导们，包括区、镇、村三级干部，都要尽量地多去全国各地考察优秀的乡村实践案例。只有多开眼界才能多出想法，只有多出想法才能出现好的事件策划。梅县峰会上请来的 30 多位演讲嘉宾，都已经是梅县人民的好朋友，他们之中就有不少是做出了很好的实践案例的，完全可以考虑组团去交流学习。现场考察之后再跟关键人物做面对面交流，不但要看到他们已经获得的靓丽成绩，更要了解他们在陷入困难、遭遇瓶颈的时候是怎样去处理和化解，这样的学习才是最有成效的。

早在梅县峰会之前，论坛组委会和北京隐居乡里联合发起了专门培训乡村经理人的“火种计划”。梅县区政府，还有将要于 7 月举办第六次乡村复兴论坛的陕西省汉中市留坝县政府，各自挑选了 10 名返乡创业者，送到北京郊区的民宿村进行了为期一个月的培训。根据培训后的调研反馈，受训者对此次培训是感觉收获巨大的。这批“火种”，现在已经回到梅县的乡村。如何发挥他们的作用，应该成为主管部门考虑的问题。

（五）保护第一，投资建设要慎重

侨乡村和松口镇的保护工作，其实从十几二十年前就开始了。尽管在很长的一段时间，它们的状态都显得有些“寥落”，但是从保护本身而言，还是相当成功的。老房子基本没拆，家底保得住，这一点就很难得，当地主管部门一定是做了大量我们外人看不见的工作。 在今后的一段时间，主管部门还应该继续这样一种重视文化遗产保护的态度和政策，每年都要设法从上级和本地筹措资金，修缮濒危的传统民居。家底越厚实，心里才越有底气。

从 2017 年 10 月到 2018 年 4 月，经过半年左右的环境整治和设计改造，侨乡村和松口镇目前都已经在局部区域上达到了一个比较好的状态。虽然这个状态距离理想中的状态还有很大的差别，但是我们在这个阶段一定要小心：现在，防止冒进也许是比加大投资建设更要优先考虑的问题。侨乡村已经有两家民宿进驻，一家咖啡馆开业。下一步是要地方管理部门和专业运营机构一起，互相配合，把运营工作正常化，并且不出现和村民之间的矛盾。

接下来的一段时间，可能会有其他运营机构想要进场，主管部门要把好关，控制好数量、节奏和品位。在短时期内出现多个围龙屋改造成民宿或旅店，将会是一件高风险的事。村落保护跟足球比赛一样，没进球的时候要主动进攻，进了球就得优先考虑防守；保住胜利果实是最重要的，赢几个球是第二位的。

开展乡村保护与发展工作，地方政府通常都会重视引进外来人才和运营机构，因为这些人才和机构具有更强的专业能力、更广的视野格局和更好的市场思维。不过，从我们这几年从事乡村实践的实际经验上看，培育本地人才是实现乡村内生性和长期性发展的基础措施，至少应该放到和引进外来机构同等重要的地位。

其实，在本地人才和外来机构之间，有时候也并没有绝对的分隔界线。在本地出生、长大，又在大城市里上过大学、工作过若干年、有一技之长，现在又愿意回到家乡、为家乡建设贡献自己的力量的年轻人，就同时属于这两者。侨乡村的五杠楼（即承德堂，位于南华又庐附近的一栋客家围屋，图 3-4-4），是由一个出生于 1987 年的年轻人租下来开民宿的。这个年轻人名叫温志宏，是我的老乡，兴宁人，我们就暂且称他为小温总吧。小温总在广州上大学，学的是设计，毕业之后也一直从事设计行业。兴宁在梅县的隔壁，所以严格说来小温总并不是侨乡村的本地人，但是作为一个地地道道的客家人，他跟当地老百姓们打起交道来又是毫无障碍的。

小温总跟我说，他在两年多前就想着要回梅州老家的乡村做点事了，但总是找不到好的时机。这回趁着乡村复兴论坛梅县峰会的东风，他也下了决心，又经过区、镇领导的牵线搭桥，于是成功地租下了这栋五杠楼。小温总开的民宿叫“良舍”。小温总不仅开良舍民宿，还把我们改造好的自在楼咖啡馆，也捎带着一并经营了，这下可是解决了让设计师和地方领导们头疼的问题。小温总还给松口镇的传统小吃——企炉饼，设计了一套既传统又时尚的包装。企炉饼在传统时代是客家人揣着下南洋的干粮，好吃是好吃，但是包装也是因陋就简，现在有了小温总的设计，摇身一变，成了客家人馈赠亲友的上好礼品。像小温总这样有情怀、有能力的返乡青年，是越多越好。

（六）对松口镇的建议

梅县峰会的第一天是在松口镇举行的。当天早上乘船进入会场的设计，也让不少参会者在会后给出了“震撼”这两个字的评价（图 3-4-5）。就峰会而言，松口镇可以说是很好地完成了它应该扮演的角色。不过，说到会后沉淀下来的成果，那就还是侨乡村要明显多一些。“翎芳宴”主要是为侨乡村设计的活动，“九图计划”也在侨乡村体现得更多。

之所以出现这个不平衡的局面，跟松口镇的地理位置有关系——侨乡村距离梅县区中心只有 20 分钟车程，松口镇距离梅县区中心则要一个小时。距离远了，游客到访量自然会受到影响。而游客太少，就会影响到地方政府和当地群众的积极性，从而不敢在建设、运营和培训上投入较多的资金和人力。

但是，我们也应该意识到，松口的优势也是很明显的。它的人口空心化的程度要好于很多乡村。在松口老街上，即使是非节假日，也是有起码的生机的，因为仍然有不少居民在街上生活。它在文化资源上的聚集度也是很高的。在松口老街上的任何一个点坐下来，我们都会有一种被文化遗产所包围的感觉。它的景观资源，也属于上乘。从梅江河上看松口镇，可以欣赏到连绵一两公里长的街立面，很是壮观。而从华侨广场和半边街的屋顶上俯瞰梅江河，得到的更是堪称“无敌江景”的画面。

还有，这两年广东省下大力气推动的“南粤古驿道”项目，松口镇也是大大的受益者。沿着梅江河，松口镇的上下游还有不少古码头，以及和这些古码头相连的古驿道，都得到了修复。这些码头驿道系统，在很大程度上丰富了松口的历史信息。

图 3-4-3　自在楼咖啡馆

图 3-4-4　承德堂

图 3-4-5　松口镇梅县峰会街道场面

针对松口镇的优势和劣势，我认为目前可以考虑做的三件事是：

第一，峰会之前建好的广场，背靠古街，面朝梅江（图3-4-6），是个极好的公共活动场地，要好好利用，多配绿植（现在的广场硬质铺地的面积有些过大了，需要绿植来软化），多鼓励市民和村民到这里活动（比如广场舞，也是可以鼓励的），要让松口镇上现有的居民先喜欢上这个地方——这是在即使不增加外来游客的前提下，也能提高松口古镇的生活气息的办法，而本地人的喜欢，既是遗产保护的根本目的，也往往是让外来者喜欢上古镇的一大捷径。

第二，改造好的咖啡馆（图3-4-7），应该设法鼓励常态化运营，可能暂时做不到每天营业，那也要实现每个周末和节假日营业，这是让初期游客有好体验的保障，而只有让这些初期游客有好的体验，才会形成口碑的扩散效应，从而实现让咖啡馆运营常态化所需要的日常客流量。

第三，镇上已经存在的传统小吃店，是一笔宝贵的本地资源，主管部门可以和小店老板们一起，设计出包括门店改造、宣传推广、产品提升等工作在内的优化升级路径，最终要让他们实现品牌化。

以上是我在目前能想到的，梅县峰会之后在侨乡村和松口镇可以做的几件事。在本篇文章的末尾，做一个简单的总结。乡村保护与发展工作有四大板块——宣传、设计、建设、运营。宣传包括研究、策划，设计包括建筑、规划、景观、文创等专业，建设包括投资，运营包括培训。这四大板块，是我们根据这几年的工作经验而得出的一个概括性结论，其根本目的就是让更多的民众接受并且喜欢上乡村文化和乡村遗产，从而让保护乡村的成本能够扩散到最大的受众面。

基本上，这四个板块是要互相支撑、互相衔接的。短期之内，可以只做其中一个或两个板块的工作。但是进到中长期，缺少了其中的任何一个，都可能会让其他三个板块的工作陷于被动。侨乡村和松口镇的工作，也不妨参考这个原则性的框架，每到一个阶段（比如半年左右）就做一番回顾

图 3-4-6　梅江

图 3-4-7　松江咖啡馆
（摄影：蔡志勇）

和评估，这四个板块是不是都已经照顾到，是不是有的做多了，有的做少了。在评估之后，再决定下一轮工作的重心应该放哪个板块，以及这个板块之内应该做哪几件事。

本文写作之际，正好在微信上看到了冯骥才先生最近在黔东南传统村落研讨会上的报道。冯老提醒我们：“传统村落不是提款机，而是压在背上的大石头。”大石头的比喻，是非常贴切的。对于一个拥有悠久农耕文明历史，但是又正在经历着高速城镇化和工业化的的大国，目前留下的几千个传统村落，可以说是最后一笔大型的文化财富。这笔财富能真正保留下多少，取决于我们这代人的共同努力。

五　张良庙这个“梗”

——留坝英雄神仙会是个什么 IP?

2018 年 6 月 22 日

今天，我想针对张良庙的“英雄神仙”四字石碑（图 3-5-1），展开一些可能会与乡村复兴论坛留坝峰会有关的讨论。

（一）“英雄神仙”碑

“英雄神仙”碑的撰写人，并不是文化名人，而是民国初期一个文化程度并不高的军阀。这位军阀，名叫管金聚，是奉系张作霖的手下，如今知道他的人已经不多了。管金聚盘踞汉中有三四年，这通石碑是他在 1919 年写就的。1920 年，管金聚被发动护国运动的滇军打败之后解甲归田，在河南开封过上了退隐生活，直至 1927 年病故。

管金聚为张良撰写的“英雄神仙”石碑,似乎也成了他本人的人生总结。

管军阀有一个名气比他大得多的哥们——冯玉祥。俩人在 1916 年前后分别担任了北洋政府的第十五、十六混成旅的旅长。冯玉祥比管金聚小十几岁，据说俩人还曾经秘密地搞过一个《管冯协定》，准备接受孙中山先生的领导，因为有人告密，没能实现。《管冯协定》的真实性，有待查考。但是，护国运动确实是两人事业的分水岭。管金聚反对护国军，兵败归隐，冯玉祥则公开支持孙中山，虽然暂时被免了职，却很快就得以恢复，而且快速走向高位，没几年就被授予上将军衔。抗日战争期间，冯玉祥还成为战区司令。

冯玉祥在张良庙也留下了一通石碑，这是一副 54 字的长联，文采相当好，我觉得很值得拿出来与大伙分享。

上联：豪杰今安在，看青山不老，紫柏长存，想那志士名臣，千载空余凭吊处；

下联：神仙古来稀，设黄石重逢，赤松再遇，得此洞天福地，一生愿作消遥游。

冯玉祥的文采比管金聚高多了。这副对联里的黄石和赤松，分别是指黄石公和赤松子,他们是传说中的张良的师友。张良之所以有这么大的本事，就是跟他们二位学来的。张良后来归隐山林，学道成仙，也是追随了他们二位的仙迹。

冯玉祥和管金聚这两个军阀在张良庙里题写的石碑，我在 2017 年 9 月底第一次来留坝的时候，就注意到了，但是因为只逗留了半个多小时，留下的印象就不深。一段时间之后，我偶尔还会回想起留坝的张良庙，脑子里除了建筑质量很好之外，就属那通“英雄神仙”碑，以及南花园里一种脚部会拐弯的竹子，形象最为清晰。冯玉祥虽然名气和文化水平要高得多，但是终究不如这四个字，简单好记、准确到位。

（二）留坝峰会选址

2017 年 9 月底，我们来到留坝，目的是考察乡村复兴论坛在留坝举办的可行性，所以把时间和注意力主要放在了挑选会议场地和与之配套的设计项目上，张良庙只是因为要考察留侯镇，才“顺便”去参观了一下。

经过一段时间的讨论，论坛组委会和留坝县政府决定，两天会期，第一天在县城旁边的花海，第二天在火烧店镇的老供销社。之所以做这样的选择，是既要坚持乡村复兴论坛“在村里开大会”的宗旨，也要兼顾留坝本身的特色资源和交通条件。

留坝县城旁边的花海（图 3-5-2），占地 100 多亩。要是比面积，国内比它大的花海应该有的是。但是在平地难寻的秦岭大山里，这 100 多亩的花海就显得很壮观了。另外，留坝县城的海拔为 940 米，这意味着在鲜花盛开的夏季，这里也是清清凉凉的。在清凉的花海里举办一次充满思想碰撞的大会，这感觉一定好得很，想想就让人激动。第一天的会场，就这么定了。

但是花海毕竟还不是真正的乡村。第一天开会在花海，第二天就得选择一个乡村环境了。

留坝的“村”，和我们在其他地方见到的村太不一样了。地处秦岭大山之中的留坝，县域面积将近 2000 平方公里，但是总人口不到 5 万。这里的村庄规模都非常小，民居建筑也很分散，平地就更是难找。所以，要想实现像 2017 年在贵州省台江县交宫村和红阳村那样，会场被传统民居所环绕的氛围，是很难的，因为这里根本就没有成规模的村。

村不行，那就退而求其次，看看乡或镇的所在地。乡镇的人口比较密集，传统民居也可能比较多。我们考察了两个镇，留侯镇和火烧店镇。留侯镇，也就是张良庙所在的镇，原名叫庙台子乡——这很显然就是因为先有了张良庙，后来才有的地名。留侯镇是一个保存得比较完整的古镇，镇上有一条几百米长的老街。我们是曾经一度考虑要把一天的会场安排在留侯镇上的，但是后来放弃了。放弃的原因，一是留侯镇虽然有老街，但是缺少一个聚拢的场所，似乎并不能营造出让传统民居包围住会场的空间感。第二个原因是，留侯镇的老街离张良庙还有一公里多，在镇上开会并不能让与会者近距离体验张良庙。

可不可以把会议直接放到张良庙里开呢？现在回想起来，这个设想可能也并非不可，但在当时，按照我们所习惯的学科思维，还是默认为张良庙属于正统的官方祠庙建筑，并不在常规的乡村范畴之内，所以就没往这方面考虑。

图 3-5-1 “英雄神仙”碑

图 3-5-2 留坝花海

在考察留侯镇之后，去了火烧店镇。在这里，我们一眼就看中了镇上的一条河——月亮河（图 3-5-3）。名字漂亮，景色也漂亮。河上有一座吊桥，河边还保留有不少的传统民居，正好又有一个可以改造成为会场的老供销社(图 3-5-4)。在这里开会，条件具备，体验感是一定不错的。第二天的会场，也就这么确定了。

两天会场确定，会议的大原则也就落定了。接下来的工作，就是围绕着会场，选择合适的建筑、景观和产品项目，以制造出好的会议体验，同时也服务于会后的村民和游客使用。

各项工作都分配给了各个专业团队，让他们各自发挥专业水平和办会经验。不过，这期间我们心里还是一直有一个梗，隐隐然，难以去除。这个梗，就是张良庙。留坝因张良庙而得名，用现在的话说就是，张良庙理所应当成为留坝县的第一 IP。这个 IP，怎么可以在我们的乡村复兴论坛里没有体现呢？

（三）张良庙与留坝峰会 IP

距离留坝峰会还有一个月的时候，会务组和规划设计团队按照惯例，到现场与留坝各级领导，就会议筹备的各项事务做沟通和交流。会务组和秘书处这回带来了会议用品的设计方案。这其中，胸牌的设计让我感到了眼前一亮。

峰会的手册和胸牌，可以说是每次峰会的设计重点。尤其是胸牌，因为代表们要挂在胸前，具有很强的标志性，甚至是纪念性，所以秘书处每次都会很努力地寻找当地的元素，很努力地去设计出具有独特性的胸牌。

这一次拿出的胸牌方案初稿，就是基于“英雄神仙”碑而设计的（图 3-5-5）。外形模仿了碑的轮廓，正面写上“演讲嘉宾”“参会代表”“志愿者”“媒体”等字眼，背面则原样拷贝了原碑上“英雄神仙”这四个字。

这个方案启发了我：能不能把“英雄神仙”四个字给抽离出来，用“英雄”两个字来代替以往的“演讲嘉宾”，用“神仙”两个字来代替以往的“参

图 3-5-3 留坝火烧店镇月亮河

图 3-5-4 改造后的火烧店供销社

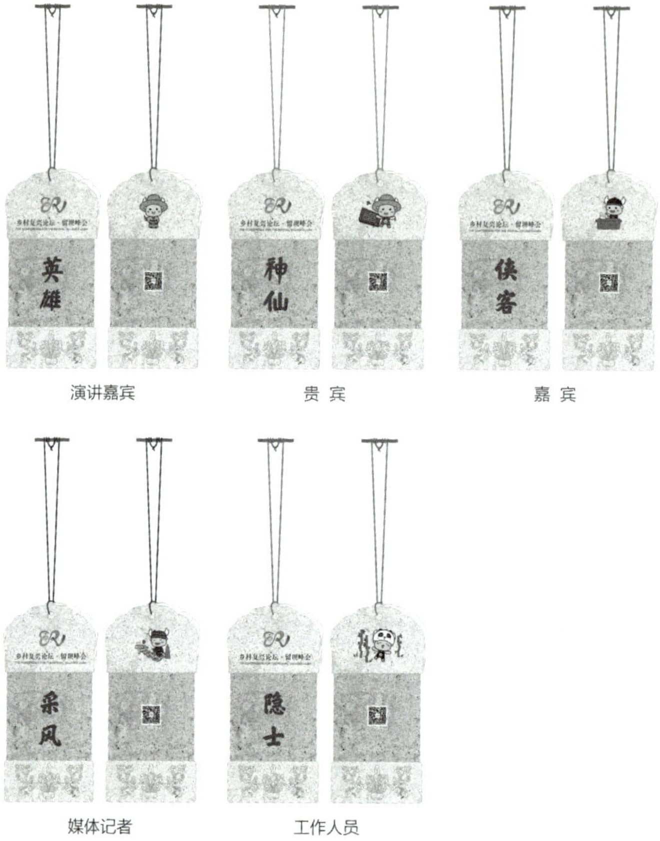

图 3-5-5　留坝峰会手册和胸牌设计

会代表”呢?

这么做，很可能会让参会者在来到会场、领取会议资料的那一刻，发出会心一笑。而只要这个效果实现，张良庙作为一个留坝的文化 IP，也就自然而然地植入了会议。

顺着这个思路往下推演，志愿者的胸牌可以写上“侠客”，媒体的胸牌可以写上“采风官”等。这样，所有与会人员都有了一个具有三国两汉之风的身份。

游戏因素加入严肃会议，是乡村复兴论坛一直在追求的一种会议效果。但是这样的设计是不太容易的，因为一是要做到不与会议气氛相违和，二是要能体现和强化当地文化。作为会务组，我们很高兴在这次留坝峰会的胸牌设计上，能达到这一目的。

顺着这个思路，7 月 6 日的晚上在张良庙里举行两个小型的专题夜话：一个就叫英雄会，另一个就叫神仙会。其实这样的英雄会和神仙会，是可以在会后一直搞下去的。定期搞，内容和主题可以经常换，但每次都一定要打出张良庙的“英雄神仙”牌。我相信，这样的活动坚持一两年下来，可能全国人民都将知道，秦岭大山里有个留坝县，留坝县里有个张良庙，而张良，是一个让全国人民都羡慕的“英雄神仙”。

还是顺着这个思路，可以对“英雄神仙”再做拆分。我们村落所的总工覃江义就提醒我，“英雄神仙”一词中，还是神仙的意义更突出，更适合留坝推出悠闲、养生、山林慢生活的概念。张良的英雄事业，是在来留坝之前就完成了的，来到留坝，他就成仙了。这也是后世之所以要纪念张良的最大原因。英雄不多，成仙的更少。英雄能成仙，这才叫圆满。而一味追求当英雄，反而可能在背后遭暗算和冷箭的时候，自己还不知道。我们在人生遇到困难的时候，多想想张良成仙，也许就可以用一种更冷静和更超然的态度来面对——如果真能做到这一点，那就太有利于提高解决问题的概率了。

把仙当作文眼，还可以串起留坝的其他资源。比如食材，包括蜂蜜、香菇、木耳、西洋参、土猪、土鸡、娃娃鱼等，因为生长在秦岭，又是采用一种半散养的方式，所以不但没有污染，还会形成一种特殊的密实口感。成仙并不是让大家都不吃东西，而是要吃得更健康、更随性和更有文化。关于这方面，建议大家多关注王翎芳老师和贴布导演的微信，他们二位带着小团队，已经在留坝深入挖掘了十来天，并且经常发布实时的信息和收获。

六　张良庙“英雄会”

——留坝峰会的“英雄”夜话

2018年7月13日

乡村复兴论坛今年的第二场活动，也就是陕西汉中的留坝峰会，刚刚结束，这是一次既丰富又有趣的会议。

（一）“英雄会”和“神仙会”

这篇文章，我想跟各位分享的是在张良庙里举办的一次会议同期活动。这个活动有个特殊的名字，叫“英雄神仙会”（图3-6-1）。在会议的第一天晚上，也就是7月6号晚上，我们在留坝的张良庙里举办了两个小型的研讨会：一个叫“英雄会”，一个叫“神仙会”。这是我们针对会议的夜话环节做的一点小创新。以往的夜话，是请四五位嘉宾和一位主持人上台，进行一次互动谈话，台下是参会代表们在听。

这次的留坝峰会，夜话环节的主题活动是由新浪微博组织的“夜谈老电影”，场地是在留坝县城那座建于20世纪70年代的老电影院里。除了这个主题活动之外，我们也在张良庙里安排了“英雄会”和“神仙会”这两个小型活动（图3-6-2），目的是把张良庙这个最具有留坝特色的文化古迹推向公众。

“英雄会”和“神仙会”的格式是一样的，都是五比五外加一位主持人。所谓五比五，是指五位专家学者和五位地方领导对话。英雄会是五位留坝

图 3-6-1 留坝峰会“英雄神仙会”海报

图 3-6-2　张良庙“英雄会”

县的地方干部对五位专家。神仙会是五位来自留坝县以外的其他地方的地方干部代表对五位专家。之所以这么设置，是为了推动各个资源方的对接。两个研讨会，都是定向邀请，不对外开放，这是为了制造出小范围的良好交流气氛。

为什么叫“英雄会”和“神仙会”呢？这是因为张良庙里有一通石碑，上面只写了“英雄神仙”四个大字，是对张良一生的最佳概括。我本人是“英雄会”的主持人。在一个半小时的对话里，我觉得双方都谈出了很多很好的信息，值得拿出来跟大家分享。

（二）“英雄会”对话

首先交待一下都有哪些英雄参与对话。留坝县这边，有县人大主任杨主任、文化旅游公司韩总、住建局张局长、玉皇庙镇党委罗书记和青桥镇张镇长。专家这边，有墟里民宿创始人小熊、碧山猪栏酒吧创始人寒玉、艺术家赵海涛、台湾生活美食家王翎芳和贴布导演。

1. 第一轮与第二轮对话

对话的第一轮，是自报家门和简介来历。对话的第二轮，是专家们对留坝资源的评价。大家谈到了留坝良好的生态环境、留坝美丽的秋天、留坝悠久的栈道文化，同时也谈到了留坝交通位置的不利和人才的短缺。第二轮的讨论可以说是相当充分的。我印象特别深刻的是王翎芳老师讲到留坝人用放羊的方式来养猪，养猪人每天都在一个固定的地点和他的猪们告别和重逢，说起来是画面感十足。

又比如小熊提出的一个她认为是地方领导者始终都要思考的问题，那就是最有消费力，并且对乡村最有认同感的人，一定在一线城市，所以做乡村的市场一定是先从一线城市开始，慢慢地带动二线城市、三线城市和当地的市场。由此出发，我们要精准地去完成用户画像——上海和北京的客人，他们真正需要的是什么？

小熊还分享了她关于乡愁的独特理解：对很多现代人而言，老家已经是回不去的老家了；不管你对那个老家多有感情，但只要你回去一看，确实没有办法待，因为已经被破坏了，不再能给你老家的感受；因此，对留坝而言，如果能在某种程度上，唤起这些人的类似于乡愁的那种情绪和感情的联系，在他的老家找不到，但在留坝还能找到，这能产生特别大的吸引力；墟里过去的四年，就是朝着这个方向在摸索的，大部分喜欢墟里的客人，老家并不在墟里所在的浙江省永嘉县，但是他们就是觉得在这里似乎找到了乡愁的感觉。

小熊和寒玉两位老师，都讲到了很多她们在实际运营中所遇到的问题和解决问题的经验。其中，寒玉讲到的本地服务员，让我很感动。寒玉老师是这么说的：碧山猪栏酒吧的服务员，没有一个是高管，没有一个是大学生，甚至没有一个是高中生。这里是什么人呢？都是村里的农民和县城的下岗工人，长得都不漂亮，甚至是“歪瓜裂枣”，因为漂亮的都给县城宾馆挑走了。但是，我喜欢他们，我觉得他们是我们店里最靓丽的一道风景线。他们不在二三十岁的花季，而是三四十岁甚至五十岁，所以他们得到一份工作就特别珍惜。他们有家庭，他们也希望自己能致富，至少是有一份收入。很多客人说，我们在你的店里感受最深的，不是你寒玉，也不是你们的设计——我们的设计当然很牛对不对？我的口才也属于卓越，但是平常他们见得到我吗？不能，我不招呼客人，我有我的生活，我有我的自由，我有我想见的客人，也有我不想见的客人。这些服务员，他们从来都是笑嘻嘻的，这种笑不是来推销；他们给人的感觉也是憨憨的，甚至害羞的、傻傻的，但是你能看出他们工作的时候，是满怀欢心、满怀愉快，恨不得把家里所有好东西都介绍给你吃，给你无微不至的关怀。

第二轮的讨论还有很多很有趣的内容，而我最愿意拿出来跟读者们分享的对话，其实是在第三轮。

2. 第三轮对话

作为主持人，我请留坝的每位领导各提出一个问题，可以挑选对面任意一位嘉宾来回答。

杨主任提的问题：怎么样能把年轻人吸引回来？他希望墟里的小熊老师来回答。

小熊老师确实有资格来回答这个问题。要知道，墟里现在是用 6 间客房养活了 23 个员工，其中不少是年轻人，而且不乏“海归高知”。我把小熊的回答简单地概括一下：

首先，是坚持包括管家在内的所有一线员工都在地化。他们都来自本村或者邻近村。墟里的客人大多来自北上广深，他们需要的不是五星级酒店的标准化的、训练有素的服务，而是需要质朴的服务，哪怕是有一些不完美，甚至有些紧张的服务。他们需要你能表达出你在关注他，而且你还能带着一种自豪，同时又愿意把家乡的东西拿出来分享。

其次，是平台可以，而且也需要让城市的年轻人加入。这些年轻人，首先是自我驱动型的，不是你给他多好的条件或者愿景，他就会来的。他们之所以愿意加入墟里，最初可能是观察到了墟里的阿姨、大姐们的那种工作状态，从而被打动。在加入之后，墟里又给他们提供了足够的发挥空间，让他们感受到自己的成长。

第二个问题是文旅公司的韩总问的，面向所有专家：留坝要想成为一个旅游目的地，突破口或者说引爆点在哪里？

这是一个非常好，同时也难度相当高的问题，考虑到对话进行到这里的时候，已经 70 分钟了，如果每个专家都展开了发表看法，一定会超过组委会规定的时间，所以我动用了一点主持人的特权，主动做了一个简单的尝试性回答：

所谓突破，就是要给人制造一种体验。这种体验是人们以前没有过的，但是一旦碰到，觉得就是它了。这说明突破是具有偶然性的。要想在留坝实现突破，恐怕还得回到留坝本身的两大优势资源：一个是生态轴线，一个是以我们现在所在的张良庙为代表的文化轴线。从这两个资源出发，去找能对接到当代社会和未来社会的方式。要多尝试，要多了解年轻一代，还要多请高人来一起探讨，一起出主意。可能十个想法里头，有一个就找对了，就成为了突破口。这种偶然性，试多了之后，也能慢慢探索出一些规律来。

第三个问题是住建局张局长问王翎芳老师和贴布导演：留坝的食材这么好，如何才能做出有特色的系列美食产品（图 3-6-3）？我们年年都开展烹饪的评比和大赛，但是到现在也没有真正推出适合旅游的美食产品。

图 3-6-3　留坝特色食材

王翎芳老师回答：留坝在饮食文化上的一大优势，确实就是天然氧吧所孕育出来的这些食材，完全可以大做文章，同时要接轨到城市人口尤其是高端人口的口味。乡村美食如果能实现迎接来自不同地方的人口，那它就赢了第一步。因为吃永远是游客体验的重要环节，吃不好，第二天就想走，再好的食材也没有用。

而留坝餐饮现在的一大问题，是县城一些大厨们似乎觉得自己已经是大招牌，对别人的建议经常以“我们留坝人不这么吃”来做反馈。这个问题不解决好，再好的食材都会锁在当地。留坝每年的美食大赛还是要办的，但是要多与外边交流，可以找一些外地美食专家来当评审，给本地大厨们更多的启发和刺激。

翎芳老师为了这次峰会的翎芳宴（图 3-6-4），在留坝待了一个月，其中十几天的时间都在跟本地最厉害的大厨们“打仗”，打到最后，有的大厨被放弃，改用了火烧店镇上的小夫妻店（翎芳老师在这里说的“打仗”，是

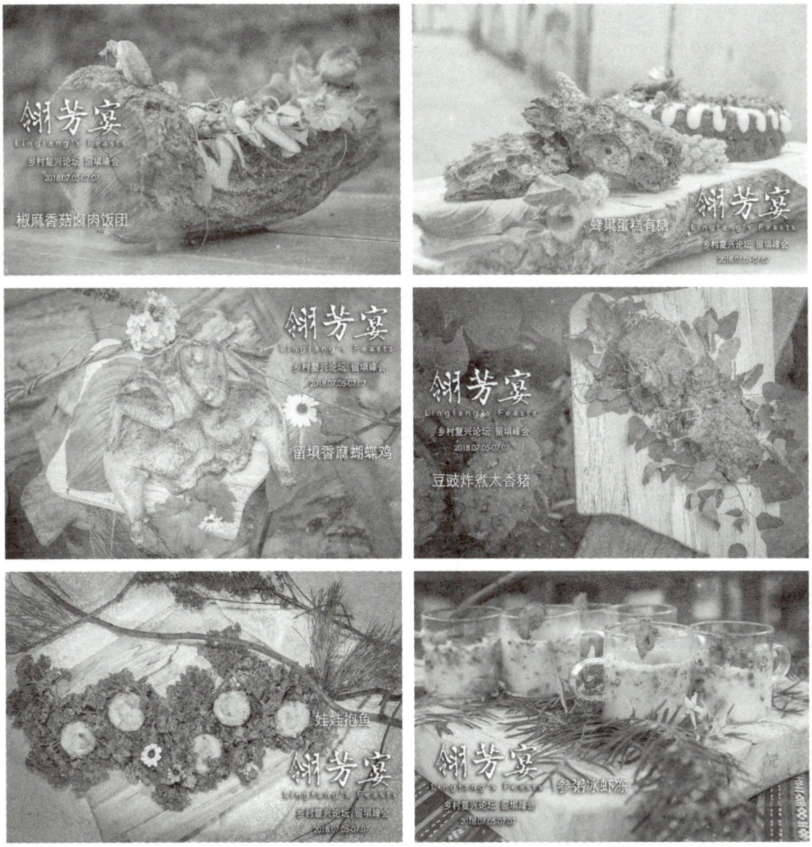

图 3-6-4 留坝峰会翎芳宴（摄影：徐尧鹏）

带双引号的夸张说法，不过也能说明，她这次翎芳宴的筹备过程是充满了曲折）。

翎芳老师还认为，乡村美食还应该配以乡村最质朴的生活。在留坝的翎芳宴上，翎芳老师大胆地让厨师只完成烹饪的部分，所有摆盘都是训练村姑们来做的，这让她们感到非常地自豪。质朴是村妇的本性，那是改不了的。但是需要你去告诉她们的是，你家旁边的野花野草，怎么样布置在你的盘子上，就会产生美。留坝遍地都是野花，用来装饰留坝山上跑的猪做成的香猪肉，再放到用留坝原生态的木头制作的餐盘上，端上桌来给宾客，这就是一套属于留坝系统的美食。

吃的问题实在太重要了，所以我又就此追问了寒玉和小熊，她们那里的厨师是不是也有“我们这里不这么吃”的现象。寒玉老师说：确实有类似的现象，但这是个细致活，要具体地去做区分处理，把握好比例，有的要坚持地方化，以保持特色；有的则要调整，以适合城市人当下的口味。

三个问题回答完，时间已经是晚上9：40了。我这个主持人，也不得不略带遗憾地宣布本次张良庙“英雄会”胜利结束，未尽话题，以后继续讨论。

第四章

乡村同路人

一　翎芳老师的翎芳魔境

2018年1月5日

在北京景山附近的一个小胡同里，有一家面积很小，但很有品位和特点的小餐厅。这家小餐厅，有一个很有特点的名字——翎芳魔境（图4-1-1）。它的主人，是台湾美食家王翎芳女士和她的搭档贴布导演（徐尧鹏）。翎芳魔境首先是他们创立的文化品牌，其次才是指这个可以就餐的小空间。翎芳魔境既讲美食，也讲旅游，更讲生活——或者换个在台湾地区更流行的说法，叫生活美学。翎芳女士和贴布导演，出门工作一个当主持、一个当编导，回家做饭一个当大厨、一个当waiter，两人配合得天衣无缝，是一个效率极高的小团队（图4-1-2）。

我们前些天有机会在翎芳魔境吃了一顿饭（图4-1-3）。这顿饭的缘起，是北京绿十字的孙晓阳主任在12月20号给我打了一个电话，说马上到年底了，又该请高椅村项目组的老师们聚聚了。这里顺便交代一下：高椅村是湖南省会同县的一个古村，全村有40多处国家级文物保护单位；两年前北京绿十字牵头，在高椅村开始古村保护与发展的计划，孙君老师和孙晓阳主任邀请了包括我在内的几位大学老师一起参与了这件事。这是一个很重要的项目，大伙儿都付出了相当多的时间和精力，也因此积累了深厚的感情。又到年底了，趁着聚会，既是沟通感情，也是交流乡村方面的工作经验。

恰好，我因为最近要跟翎芳魔境开展一些乡村文创方面的合作，也需要去找王翎芳老师商量，所以就把两件事并作一件事，安排了这次的聚餐。

图 4-1-1 翎芳魔境（摄影：徐尧鹏）

图 4-1-2 王翎芳老师为梅县受训厨师制作的海报（摄影：徐尧鹏）

时间选在了12月24号的晚上，因为只有周日那天的晚上才有时间。我是直到在路边等了20多分钟都打不上出租车，才想起来，今晚是平安夜。并不是我们有意要过洋节，只是凑巧罢了。当然，这顿饭我们吃的很是享受。

（一）环境

先说环境。翎芳魔境的空间虽小，但确实当得起“魔境”二字。区区30平方米的地方，设置了餐厅、厨房、摄影棚、展览馆、工作室这五大功能区，但室内并不显得十分拥挤和局促。除了放必要的桌椅家具，翎芳老师和贴布导演还在屋里布置了好些植物，以及他们从全国乃至世界各地搜罗来的大大小小的老物件。这些老物件，每一个说起来，都有一段故事和记忆，它们让这个小空间充满了美学，也充满了文化。

（二）美食

再说美食（图4-1-4）。内容上，是以中餐为主的。但是在形式上，则是地地道道的西餐。西餐的形式，有一大好处，那就是仪式感特别强。菜要一道一道地上，先是沙拉和饮品，之后是第一道主菜，再是第二道主菜、第三道主菜，然后上糕点，最后是冰激凌，几乎每一道菜的间隔都是20多分钟。这样，既保证了菜品的热度和鲜度，也让吃货们对每一道菜都有足够的品味时间和消化时间。而且，在每一道菜端上桌的时候，翎芳老师还会简单介绍一下这道菜的特点和做法，尤其是她本人在其中加入了哪些小创意和新尝试。这个就餐前的简介环节，虽然很短，但是很重要。为什么呢？因为，菜已经端上来了，看着很诱人，但是顾及礼貌，不能马上开吃，这样就营造出一种短暂的饥渴感，会让你吃起来觉得特别香。

如果按中餐，这么多菜同时摆上桌，看着肯定是场面宏大、琳琅满目、热闹非凡，但是因为短时间内吃不完，菜就容易凉了。菜一凉，味道可就

图 4-1-3　翎芳魔境用餐（摄影：徐尧鹏）

图 4-1-4　翎芳魔境美食

差远了。而且，面对满桌子的食物，信息量特别大，头脑也没法一下子消化，更没耐心听大厨讲解特点和做法了。这么一来，就只好干吃，而且要快吃。吃的速度一快，似乎就少了好些文化。

每一个环节都是20多分钟，七八个环节吃下来，三四个小时就悄无声息地过去了。这真的是一个慢慢享受的过程。我想，所谓慢食运动，大概就是这种体会吧。这里需要说明的是，我做这样的比较，纯粹是只针对在翎芳魔境的这顿饭，并没有想贬低中餐的意思。实际上大多数中国人，包括我自己在内，一般的情况还是更适应中餐吃法的，觉得那样才更有大伙儿一起共享佳肴的热闹气氛。西餐的形式，适合小范围、需要慢慢聊天而且花得起时间的朋友聚会。

（三）体会

等大伙都吃饱喝足，翎芳老师还会拿出一个小笔记本，请每位宾客在上面写下自己的感想。这个环节也很重要。它略带那么一点强迫，但是因为有了前面这几个小时的铺垫，没有人会感到太过突兀，只不过有的人比较认真，会多写几句，有的人一时想不出话，就少写一点。

我对写留言的体会，是写和说，真的不一样！不妨设想一下，假如我们吃完饭之后，翎芳老师不是让大家在笔记本上写，而是请大家口头表达感想，会是怎样的一个场景呢？恐怕多数人只能说几句努力和表扬，但是又无关痛痒的应景话了事。写就不一样了，一是显得更加正式，二是有稍微多一点的时间去想，去回顾这整个晚上的过程，甚至把自己的人生之路也给快速地闪过一遍。写下来的话，自己可事前琢磨，事后反复看，也可以供别人传阅和分享。翎芳老师和贴布导演说，他们在这里开业有半年，其中一半时间是在外面出差，但就这样，也已经是第五本留言了。看着这厚厚的五本留言，成就感一定不小！

其实，这顿饭我们吃的也不是什么山珍海味，都是普通家常的食材，只不过翎芳老师和贴布导演做得实在是讲究（图 4-1-5）。这些美食都不是当天才开始做的，而是好多天前就已经在准备了。

（四）菜品的做法

我不是美食家，对翎芳老师说的做法没能记下来。不过，为了写这篇文章，我特意事后请她把其中我们认为最简单的一道菜品——也就是饮品——的做法，又复述了一遍。这道饮品叫热红酒，更详细的名称是“香料煮圣诞热红酒泡苹果片”，其做法如下：

1. 美食的配料

红酒一瓶；橘子一个；苹果一个；香料包括小茴香、八角、肉桂。

2. 具体做法

取红酒一瓶、橘子一个、苹果一个。先用牙刷把橘子皮彻底洗干净，再把白色的囊去掉，只留下黄色的最外层。然后找一个厚底的钢锅，放入

图 4-1-5　王翎芳研发的梅菜扣肉汉堡包（摄影：徐尧鹏）

小茴香、八角、肉桂、香叶等香料，慢火熬 20 分钟。之后加入红酒，大火烧开，再转为小火慢煮 10 分钟。将苹果切成片，加入锅内，大火烧开，再转为小火熬 20 分钟，即成。倒出时，注意要用滤网过滤掉橘皮渣。做成这道饮品，至少要花掉一个小时的时间。

感兴趣的朋友，可以按这个说明，自己在家里试做一下。请注意，这已经是做法最简单的一道了。其他主菜的做法，请大家想象吧，我就此略过。我之所以如实记录下热红酒的做法，只是想从这么一个细节来说明，所谓生活美学，就是认真地对待我们日常的生活细节。

二　张景：寻找手艺，寻找意义

2018 年 1 月 19 日

今天我想郑重推荐一部名为《寻找手艺》的纪录片（图 4-2-1）。这是一部相当特殊的纪录片，网上的评价描述是这样的：这是一部行走式的纪录片，没有华丽的画面吸引你的眼球、没有绝妙的悬念刺激你的感观；它只展现真诚，安安静静地和你讲述一系列属于中国自己的、温暖的故事。

我第一次看到这部纪录片，是几个月前微信朋友圈里的一篇推介文章。这篇文章只节选了少量的视频文件，但已经让人感到有些惊艳。不过，一部五集的纪录片，要完整地看完还是要下点决心的，我当时并没有抽出足够的时间。一直到 12 月底，接到中央美院美术馆打来的一个电话，说是有一个观影会，希望我能去跟大伙分享一下。这个观影会要观赏的，正是《寻找手艺》这部纪录片。

能被中央美院美术馆邀请，当然是一种荣幸了。而我自己的私心，也是想借此给自己一个动力和压力，好认真地把这五集《寻找手艺》看完了。于是，在观影会的前一天，我终于完成了这项任务。

这确实是一部很好的纪录片，甚至比预期的还好。真诚和温暖确实是这部纪录片的关键词。片子里有好些地方是让人印象非常深刻，也让人非常感动的。比如 64 岁的维吾尔族“音乐大师”胡大拜尔地（图 4-2-2）。胡大拜尔地其实是一个牧羊人，一辈子最主要的工作就是放羊。导演张景和他的剧组同伴之所以要找胡大拜尔地，是因为他会制作以一种名叫“巴拉曼”的芦笛。等他们很费了一番周折找到胡大拜尔地之后，才发现他居然是一

图 4-2-1 《寻找手艺》纪录片海报

图 4-2-2 胡大拜尔地
(图片由张景提供)

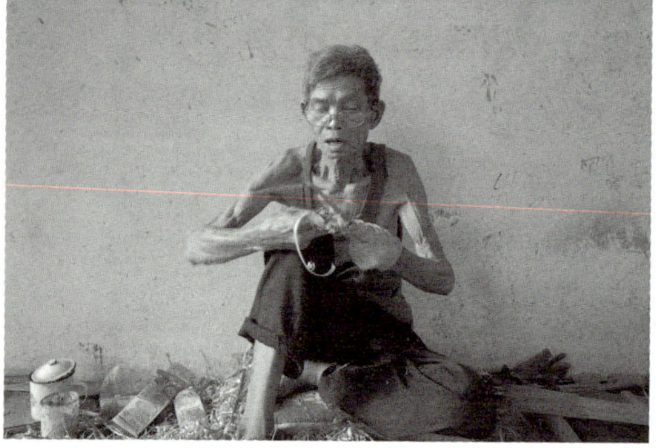

图 4-2-3 制伞手艺人坎温
(图片由张景提供)

个隐藏在民间的音乐高人，不仅会做“巴拉曼”，随手拿起另外两种乐器弹唱起来，也是专业选手的水平。

胡大拜尔地在弹唱时所呈现出来的潇洒随性和强大气场，与他满脸的沧桑皱纹，还有身后破败的小土房，他身旁二十岁小儿子的帅气但茫然的表情，形成了巨大的反差。这种反差式的画面，在我的脑子里就像雕刻进去了一样，难以挥去。

剧组离开胡大拜尔地的场面，是他们一家三口正在一片沙地里种玉米。此时的旁白——“很难相信，在这样的沙子里居然能长出玉米来”，这句话可以说是让人回味无穷的。明明就是环境严苛、生活艰辛，但导演就是偏偏不把这话说出来，而是让观众自己去想象和补充。

又比如另一个老人——80 岁的傣族制伞老人坎温（图 4-2-3）。记录老人做伞的过程，大部分是平静如流水的，中间唯一称得上“高潮”的环节，是老人用线穿好伞的骨架，并且将其绷紧以便固定伞边的时候。别的环节，大概是凭经验就行，所以坎温老人的动作都是程式化的，不紧不慢，按部就班。他的表情，也一直是毫无变化的。后来我从网上查到了张景导演的《导演手记》，了解到坎温老人从 35 岁开始做伞，做了 45 年。按每天做一把伞，一年做 300 把来粗略计算，老人应该做了一万三千多把伞了，早就超过了我们常说的“一万小时”理论，属于闭着眼睛就能把这活干了。

不过，固定伞边的绷线这个动作，光靠经验是不够的，需要点儿灵巧和精细。毕竟是 80 岁的老人了，视力和手指的灵活度都远远比不上年轻的时候，所以绷线这个动作做起来就有点困难。只见坎温老人绷第一下，没成功；第二下，也没成功；第三下、第四下，还是没成功。看到这里，我相信其他观众也会和我一样，心情变得有些不耐烦了。有必要拍得这么琐碎吗？就不能略过这些无关的细节，直接交待结果？反正做伞最后不都是要把伞边固定好的吗？这门手艺，就是这么个程序。

然而，前面一直浓缩感和节奏感十足的纪录片，拍到这里却突然变成了十足的慢节奏。坎温一直绷到第八次才成功。纪录片就这样一次没落、一秒没省地全都记录了下来。

我感觉，纪录片拍到这个程度，就不止真诚这么简单了。或者换句话说，在如何表达真诚上，也还是有取舍、有技巧的。如果仅仅是记录手艺，确实应该把失败的那七次绷线的动作都剪掉。因为从纯粹的信息而言，它们确实是多余的。但是，如果要表现手艺背后的人，这七次失败的动作，那就反倒是精华了（图 4-2-4）。短短的一分钟里，观众们的心情会跟随着老人脸上的表情，从平静到紧张，到焦急，再到最后的放松。我想，所谓纪录片的温暖，大概就是通过这样来体现的吧。

胡大拜尔地和坎温，只是《寻找手艺》这部纪录片里的两个人物。按张景导演本人跟我讲的，他一共拍了 144 种手艺和 199 个人物。而为了拍这 144 种手艺和 199 个人物，他事先花了几个月的时间，翻遍了所有能找到的杂志和网页，列出了一万多项信息源；从这一万多项信息源里，他先是筛出了一千多项，然后再选出 300 多种手艺，把它们一一标在了中国地图上。张景导演和他的小剧组，就是根据地图上的这 300 多处标记，开始他们的旅途的。

我觉得张导的这步筛选工作也是极为重要的。通过这种地毯式的搜索整理，做到了对传统手艺现阶段分布和状况的整体把握，从而对实际的行动就有了全局性的指导和掌控。在纪录片第一集的开头，剧组是接连遭受打击的。第一站河北曲阳，是大名鼎鼎的石雕之乡，但已经全面实现流水线生产了，完全不符合张导对手艺的定义。第二站山西柳林，只在废弃的窑洞里找到一小包前些年遗留下来的桑皮纸，不但没拍成手艺，还被老手艺人索要了 200 元劳务费（这对于卖掉房子来拍手艺的理想青年，是多么沉重而现实的心理打击）。出发第五天，摄影师就离开剧组回家了。一个拍纪录片的团队，连摄影师都没有，还怎么拍呢？

是什么力量，支撑着张导继续走下去的呢？你要说这是一种“不抛弃、

图 4-2-4 《寻找手艺人》剧照
（图片由张景提供）

图 4-2-5 张景在拍摄工作中

不放弃”的精神吧，我也不会反对。但是我总感觉，也许张导心里头早就画下的那张标记了300多处的全国地图，才是真正的力量源泉。正是有了这300多个目标打底，他才不会被前两个失败的尝试所击垮，因为有更大、更多、更远的目标，在后面等着他去发现，去攻克。

这300多个目标，最后能找到而且拍下来的，其实也不到一半。但是，正是因为它的基数够大，才经得起高达60%的折损率，使得最后还是能实现144处手艺的拍摄。而这144处手艺，涵盖了生活的方方面面，就使得纪录片拥有了足够的多样性和足够的浓度。而有了这样的多样性和浓度，才支撑得起导演从开始就要追求的那份真诚和那份温暖。

我从《寻找手艺》这部纪录片，还得到另外一个感想。那就是，在将追逐梦想的计划付诸行动之前，最好能有相当程度的专业或技术积累。张导是把北京的房子卖了去拍这部纪录片的（图4-2-5），可谓是为梦想破釜沉舟，不留后路。可是我们也要注意到，张导在做这件事之前，已经在媒体这个行业里摸爬滚打了十年，他对于纪录片拍摄这个专业的技术掌握，已经完全没有问题。在每一个镜头的光影和构图上，在每一个人物的动作和表情的抓取上，在整部片子的节奏行进上，甚至在每一句话的配音处理上，他都能在相对短时间和最低成本的前提下，做到及格线以上的水平。可以这么说，实力是梦想的前提。

三　蔡志勇：如何用手机拍出完美大片

2018 年 4 月 6 日

十天之后，也就是 4 月 16 日，我们第五次“村里开大会”的活动，就要在广东省梅县的侨乡村和松口镇举行了。这个大会的正式名称叫“乡村复兴论坛”，名称太正式了，反而不好记，朋友们只要记住我们这个会议的特点是“村里开大会”就行。

根据大会公告，会期是四天，第一天报到，第二天和第三天是正式的开会，分别在侨乡村和松口镇，第四天是离场。掐头去尾，其实主要的活动时间就是中间的两天。不过，第一天也就是 16 号的下午，组委会为到得比较早的参会代表安排了一些有意思的活动，其中有一项是跟随手机摄影大师蔡志勇先生去侨乡村的南华又庐，学习怎么用手机在简易操作的前提下，拍出好照片。

称蔡志勇先生为“手机摄影大师”，大家不要以为这是我对朋友的恭维和吹捧。他在手机摄影上的造诣，以及他对手机摄影这个行业的贡献，绝对够得上大师这个称号（图 4-3-1 ～图 4-3-5），尽管他是一个比我小十岁的 80 后。蔡大师牛到什么程度呢？他在微博上有 70 万的粉丝，经常一组照片就被点击上百万次。他是美国国家地理的摄影大赛评委。他经常被外国的大使馆邀请去该国旅游，因为他去了之后，中国游客的数量就会跟着大涨。

蔡老弟是我的梅州老乡。我的老家是兴宁，他的老家是大埔。但是我俩可不是一早就认识的。年龄差了十岁是个原因，在不同的地方上小学、中学和大学也是个原因。最大的原因，还是从事的行业不同。我打小上的

图 4-3-1　蔡志勇先生手机摄影：印度行

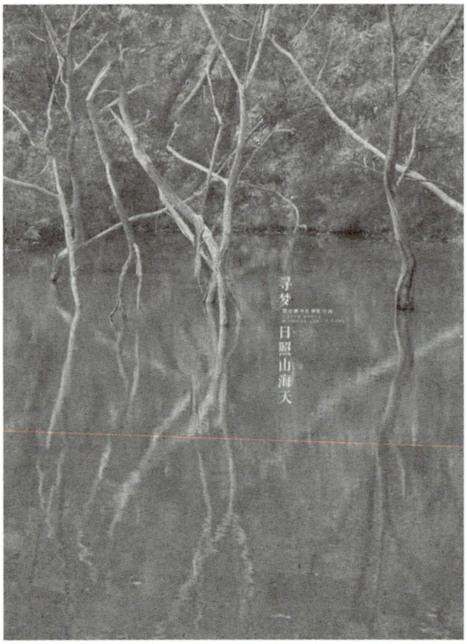

图 4-3-2　蔡志勇先生手机摄影：日照山海天 1

图 4-3-3 蔡志勇先生
手机摄影：日照山海天 2

图 4-3-4 蔡志勇先生
手机摄影：日照山海天 3

图 4-3-5 蔡志勇先生
手机摄影：梅县

是常规的学校，中学分科到了理科，大学上的是理工大学。而蔡志勇先生，中学就备战艺术专业的考试，上大学学的是油画专业。行业不同，就没有了交集，自然也就难有认识的机会了。

毕业之后，蔡老弟当过几年独立的艺术家——就是我们平常人眼里，在“798”厂房里手持画笔、留着长头发的那种艺术家形象。独立艺术家给外人的形象挺酷，但其实成功的只是少数，大多数人真实的日子并不那么好过，所以蔡老弟后来就改行做了商业摄影。因为有绘画功底，尤其是油画的功底，他的摄影作品里就有一股浓浓的绘画感，可以说是别树一帜。

专业化的商业摄影，玩的都是十几万元甚至几十万元的专业大相机，出门背的都是 10 公斤以上的设备。本来这日子过得也不错，因为蔡老弟在这个行当里也算是知名人士了，不愁没活干，收入也不差。不过，爱折腾的人，天性就是不喜欢稳定，看见新事物就忍不住要去碰一碰。这一碰，就可能把老本行给碰丢了。

在六七年前，随着移动互联网的兴起和手机的普及，蔡老弟在冥冥之中就感觉到，手机摄影或许会成为一个新的行当。手机拍照实在是太方便了，它让拍照几乎成为了人的本能。但凡遇到让人高兴或者让人不爽的事物，都会拿出手机咔嚓一下。然而，绝大多数人的手机拍照，又是拍得实在太随意的，也完全没有美感可言。这其中的鸿沟，有没有可能填平呢？换句话说，有没有可能用手机，不依靠复杂的操作，就拍出好照片呢？

想到这个问题，蔡老弟觉得是个机会，于是果断地扔掉了大相机，整天就琢磨怎么用手机也能拍出好照片。

我第一次见到蔡志勇，大概是在 2017 年的 8 月。一位梅州的老朋友来北京，约了我在清华同衡规划院的咖啡馆见面。蔡志勇是跟着这位梅州老朋友一起来的。其实这就是一次普通的新老朋友会面，并无明确目的。

第一次见面，蔡志勇有两件事给我留下了极为深刻的印象。第一件事是他随身的包里基本上没放别的东西，而是放了不下十部手机。不同品牌的手机，大部分是国产的，包括 vivo、oppo、魅族、小米，有的还有不同型号。这么多手机从包里掏出来——哦，应该说是倒出来，排在桌面上，那场面真是蔚为壮观。那一刻，我脑子里立刻出现了孔乙己在咸亨酒店的柜台上排出五个铜板的画面。然后又马上想到带着这些手机上飞机的场景——起飞的时候，关掉那么多部手机得有多麻烦。还有，登录微信的时候，也得多麻烦——之前看过的信息，指不定存在哪部手机里了，经常不得不发信息问朋友：哎，上次你说的那件事，麻烦请再说一遍，因为我又换手机了。

第二件事是蔡志勇给我们看了一批他随身带来的照片。这是一叠打印出来的 B5 大小的人像照片。蔡老弟说，这批照片就是用他包里的手机拍的。B5 差不多是 25 厘米 ×18 厘米，这是比普通的五寸照片要大得多的尺寸。要不是桌子上排布着十几部手机，我是怎么也不相信，这些照片是用手机——而且是普通的千元机——给拍出来的，因为它们拍得实在是太好了！不只人物表情非常生动，连脸上的毛孔、寒毛都是纤毫毕现。我自己也是一个有着 20 年摄影经验的人，虽说不专业，但是对各种摄影器材的性能也还是大致了解的。我敢说，就是给我一个专业的相机，也一定拍不出水平这么高的照片来。蔡志勇的这批照片，可以说是彻底刷新了我对手机摄影的认知边界。难以想象，手机的镜头也能达到这样的精度，也可以有这样的表现力！

我一边欣赏照片和聊天，一边就在想：手机摄影这东西，在乡村的事业里也一定能发挥作用。不过，怎么才能让它发挥作用呢？对这个问题，我也一下子也想不清楚。

至少有一件事可以做的，那就是请蔡志勇到我们“村里开大会”的乡村复兴论坛上，跟大伙儿分享一下手机摄影的经验。我相信，他的演讲一定会让参会者喜欢。正好，一个月之后，我们的第四次大会要在山东日照的海边举行。于是，经过和组委会商量，蔡志勇就成为了这次大会的演讲人之一。

除了演讲，还能做点什么事情，可以让蔡老弟的作用更大一点儿呢？我能想到的是，请他在会前几天先去一趟，拍一组会场所在村落和环境的照片，然后在大会上演示这些照片。这么做有两个好处。第一个好处是帮助主办大会的东道主做了宣传。要知道，我们的蔡大师在微博上可是一个拥有 70 万粉丝的大 V，他本人就是一个自带流量的自媒体。他发一组日照海滩的照片，对日照海滩来说就是一次不小的推广。第二个好处是当蔡大师在台上展示他拍的会场周边照片的时候，台下的观众一定会有非常特殊的体验。他们一定会想，这么漂亮的照片，真的是在这两天我住着的地方拍出来的吗？为什么跟我拍的差别那么大？为什么我就没能发现这么好的角度和地点呢？不行，等到散会，或者明天早上，我也得到那里去，拍出同样的照片来……

可以想象，当观众们去找到这个地点和角度，拍出了同样漂亮的照片，他们一定会跟我常做的那样，发到朋友圈里晒一晒。这么做的时候，对于观众自己而言是增加了参会的互动体验，对于大会来说是丰富了会议内容，对于东道主而言则是有好多人在帮着做免费宣传。这是一个多赢的局面。

果然，在 2017 年 9 月的日照峰会上，蔡志勇的演讲一子就点燃了参会代表们的拍照热情。看着大伙儿兴高采烈地举着手机，找着点位，忙活着要拍出“蔡氏作品”，我是感到又欣慰又自豪。制造出这么一个现象，我也是有点贡献的。

在日照峰会之后，我和蔡老弟又沿着这次会上演讲所形成的思路，有了一个新的想法，就是“九图计划”——在 2018 年乡村复兴论坛的每个开会地点，我们的蔡大师都会在其附近寻找出一些适合手机拍照的点位，并将其规划成一条线路。只要按照蔡大师设定的线路、位置、动作和角度，所有未经专业训练的普通人，拿着普通的手机，就能够拍出漂亮的照片。

十天之后的梅县峰会，就是“九图计划”的第一次华丽亮相。对这次亮相，我本人已经是迫不及待了。4 月 16 日下午三点，蔡大师将会带领我们，到侨乡村的南华又庐，一起制造出“九图计划”的第一批成果。东道主也已经为这次手机摄影活动，安排了专门的模特。因为蔡大师是要手把手教，所以人数不能多，只能限定在 15 人之内。

四　建在悬崖上的美术馆

2018 年 4 月 27 日

上个周末，我有机会去了趟贵州省黔西南州的安龙县，瞻仰了老同学何崴设计的一座堪称近期超级网红的项目。这个项目的正式名称为安龙国家山地户外运动示范公园溶岩美术馆（图 4-4-1）。

山地户外运动公园是一个占地达到 10 平方公里的大型公园。这些年，中国的户外运动发展迅速，黔西南州特殊的地理地貌又特别适合开展此类活动，所以地方政府投资兴建了这个大型户外公园。而贵州省政府从 2015 年开始，每年在黔西南州举办高规格的国际山地旅游大会。就这样，一手抓硬件建设，一手抓软件宣传，似乎只用了几年时间，就把山地运动这个行业品类的国内制高点给占住了。

图 4-4-1　安龙国家山地户外运动示范公园溶岩美术馆（摄影：金伟琦）

溶岩美术馆就是在这样一个背景下产生的一个建设项目。这是一座矗立在165米高的悬崖上的美术馆。网上对它的宣传，通常用的是“悬崖美术馆”。我自己也觉得悬崖这个词比溶岩好，虽然溶岩从地理学上讲更准确，但是悬崖更直观，让人一听就能抓住它的特点，而且画面感十足。

老同学何崴跟我说，甲方找到他们设计团队的时候，最初的想法是要做一个观景台，从165米高的悬崖上俯瞰脚下这一片面积有700亩的宽阔山谷。他觉得光是一个观景台，不够来劲，应该配上美术馆。

我猜测，何崴之所以想到美术馆，大概跟他在中央美院当老师有关系。对这个大胆的想法，我本人也是相当欣赏的。我至少可以列出两条理由。第一条是它具有“首位度”。悬崖美术馆，世界上是不是第一个我不知道，至少在中国是第一个。任何事物，一旦占据了首位度，就有可能产生资源聚集的效应，成功的概率就比较高。第二条是悬崖和美术馆的组合，具有很强的想象张力。一个是硬朗的悬崖，一个是酷炫的艺术，这种搭配本身让人拍案叫绝，一定会产生乘法效应。美术馆建成后的实际效果，也确实是不错的。从美术馆里隔着大玻璃墙面看山谷，和在屋顶的平台上看山谷，虽然都是俯瞰，差别似乎只是一个室外、一个室内，但它们给人的心理体验是完全不一样的。这种体验很难用文字来描述，你得到现场才能有真切的体会。我简单地从它的结果来判断，就是一个待不住人，另一个待得住人。

当然，美术馆也有美术馆的麻烦。建设成本高了是一方面，更头疼的问题，是谁来运营？一个观景台，派两个保安维持秩序就可以了。而美术馆，就得有专业机构来运营。最好是跟画廊合作，让画廊来定期举办画展；在悬崖美术馆这么特殊的地方举办画展，应该可以大大提高作品的知名度，从而推高其拍卖价格；这部分溢出的价格，就正好可以用来弥补悬崖美术馆的建设、维护和运营成本。这个逻辑听起来是有道理的，但是实施起来由于纵线太长，可就比派保安站岗难多了。要想找到合适的专业艺术展览机构，并不是一件容易的事。

悬崖美术馆的屋顶是观景台（图 4-4-2）。观景台下有两层，上面那层是展厅，下面那层是会议室。何老师领我进到美术馆里头的那天，由于还没有找到专业的艺术展览机构来运营，现在展厅里还没有艺术作品，会议厅里居然整整齐齐摆放着政府大楼贵宾室里才有的那种方正敦实的沙发。这格调，实在是跟悬崖的气氛也太不匹配了。看得出来，何老师对这一点也只有表示无奈。毕竟，在条件如此艰苦的地方，能把施工难度如此大的一幢建筑盖出来就已经很不容易了，好些地方不得不妥协。我相信，等美术馆有真正的艺术策展之后，会给我们带来好得多的体验。不过，现在的状况确实是有那么一点让人觉得遗憾的。从美术馆出来之后，何老师说再领我们去山下的游客中心看看。这是与悬崖美术馆配套建设的一个建设项目，一个在山顶上俯瞰整个山谷，另一个则在山下仰望悬崖美术馆（图 4-4-3）。应该说，这么一种对视的空间关系，既是有趣的，也是顺理成章的。

游客中心的建筑风格（图 4-4-4），比起悬崖美术馆可就谦虚多了。它建于山谷中间一个略微高起的小山包上，由几个双坡顶的建筑组成

图 4-4-2　户外平台（摄影：金伟琦）

图 4-4-3
山下休闲区室内

图 4-4-4
游客中心
（摄影：金伟琦）

（图 4-4-5）。说是小山包，其实就是一堆大石头。低矮的屋檐和双向的坡顶，很好地呼应了周围的石头环境，让人感觉它仿佛就是从石头上长出来的。

游客中心有一个咖啡馆。咖啡馆有个很别致的名字，叫“仙掌咖啡馆”。仙掌，即仙人掌，是常见于干旱地区的一种植物。黔西南的山区，其实年降雨量不小（大约是 1400 毫米），但是由于地质结构特殊，地表无法存水，全都快速渗透到地下去了，导致表层的土壤比较干燥，所以出现了很多仙人掌。用仙人掌来给咖啡馆命名，符合地方特征。而咖啡馆采用了木柱结构和大玻璃墙面，也把四周的田野风光、悬崖峭壁及山顶的悬崖美术馆，都一股脑地引入了咖啡馆室内。

当我们几个人坐在悬挑出来的屋檐下，一边喝着咖啡聊着天，一边欣赏着四周风光，尤其是远眺山顶上的悬崖美术馆的时候，我突然有了一种顿悟般的体会：原来，这一系列的设计，真正的高峰体验也许并不是在山顶那座酷炫的美术馆，而是在山下的这座外表低调的咖啡馆里头（图 4-4-6）。

这种体验也让我很快意识到，这片 700 亩的山谷和这面 165 米高的悬崖，正是由于有了山顶和山下这两座建筑的介入，以及两座建筑之间的互动，还有两座建筑与山谷、悬崖之间的互动，使得原本只有 75 分的景观分值，陡然间达到了 90 分，甚至更高。

好的建筑，居然是可以把 75 分的景观提高到 90 分的。这是多么奇妙的一件事！能做到这一点的设计师，该有多么地自豪！

其实，这个“原理”，我也并不是第一次遇到了。我的另一个大学同学——徐甜甜，在浙江松阳的大木山茶园里设计了一座茶室，就是起到了类似的作用。而我们传统村落所经历过的乡村实践，比如在贵州黎平县黄岗村设计的禾仓之家，在贵州台江县交宫村设计的碾坊咖啡，以及最近刚刚完成的广东梅县侨乡村自在楼改造、松口镇松江咖啡馆设计，虽然建设规模上要小得多，但它们的作用也都是类似的，只是强度上要差一个级别（这里我们顺便要说一下总是提到咖啡馆的原因。其实咖啡馆本身不重要，重要

图 4-4-5 M 亭、红点餐厅、仙掌酒吧、磐石会议中心共同构成的游客服务中心（摄影：金伟琦）

图 4-4-6　山下休闲区外景（摄影：金伟琦）

的是要在小型空间里如何制造出好的景观和空间体验。咖啡馆更像是一个具有服务功能的小型公共建筑的代称）。

在“重新发现”这个 75 ～ 90 分原理之后，我也对我们正在做的乡村实践有了更多的信心。广大的中国乡村，像宏村、西递那样世界遗产级别的村落是很少的，大多数恐怕只有 50 ～ 70 分。90 分的村落，要保护下来是相对要容易的。此类村子更要关注的问题，也许是如何提前布局，防止将来会出现的过度商业化。70 分左右的村子，要想全面达到 90 分是基本上不可能的，但是这些村子也没必要全面提高到 90 分，只要在几个点位上做重点突破，让这几个点给人的体验感达到 90 分即可。至于 50 分左右的村子，难度就要大多了，首先要设法让它们的整体水平达到 70 分，再重点实现几个有 90 分的点位。

这种整体 70 分、重点 90 分的思维，或者说策略，对于把控村落保护的成本是特别有意义的。村落保护总是要花钱的，在目前政府只能解决一小部分投入的现实下，如何实现好的成本—效益比，就变得极为重要。

五　赖声川的戏剧和一个山区县城的文化复兴

2018 年 8 月 24 日

前几天我应一位老朋友兼老大哥的邀请，专门去到一个山区的县城，看了一场赖声川先生的戏剧。这位老朋友兼老大哥姓杨，名维桢，通常情况下我会尊称他为杨老师。杨老师和赖声川先生一样，是中国台湾人。他们两位还是连襟。

赖声川先生的名气就不用说了，是开创了一代风气的戏剧大家。杨老师也是一位著名的建筑师。他毕业于美国加州大学伯克利分校，于 20 世纪 90 年代初就跟随香港汤臣集团，“杀”进了上海浦东。号称浦东“楼盘一哥”的汤臣一品，总设计师就是杨维桢老师。

杨老师怎么会邀请我去一个山区县城看赖声川先生的戏剧呢？这事说来有点渊源。

（一）会昌县与赖声川的渊源

这个山区县城就是江西赣州的会昌县（图 4-5-1）。会昌县是一个人口 53 万，面积 2722 平方公里的客家山区县。知道会昌县的人可能不多，但是我说一首著名的词，你一定知道。这首词的上联是：

“东方欲晓，莫道君行早。踏遍青山人未老，风景这边独好。”

这首词是不是特别熟悉？它就是毛主席作的词《清平乐·会昌》。毛泽东于 1929 年开辟赣南根据地，率领红军路过会昌，后来又多次经过和居住在这里。这首词作于 1934 年夏天，那个时候正值红军第五次反围剿失利，

图 4-5-1 会昌县城

马上要开始长征，可以说是革命事业正处于一个低潮期。不过，如果光是看这首词，你是怎么也看不出“低潮”来的。毛泽东不愧是一代伟人，即便是在一个看着让人绝望的局面，在诗词中也依然表现出乐观浪漫的视野和格局。

现在的革命老区，一般经济状况都不太好，会昌县也不例外，是一个国家级贫困县。一个国家级的贫困县，怎么又跟赖声川先生的戏剧拉上了关系呢？这里有两个原因。

第一个原因，赖声川先生的老家就是会昌。赖家在会昌算是望族，赖声川的父亲赖家球，于 1919 年出生于会昌县城，1941 年离开赣州，就读于重庆中央政治学校外语系。赖家球先生上学期间就已经赴前线从事翻译工作，毕业后进入国民政府外交部。国民党退守中国台湾之后，他曾被派往美国当外交官。赖声川本人，是 1954 年在美国出生的，12 岁时跟随父母回到中国台湾生活，后来又赴美留学，毕业后又回到中国台湾，开始其戏剧事业。

从赖声川先生的父亲和他本人的经历可以看出，赖家和故乡会昌的关系其实已经断开很多年了。仅仅是这层“遥远的关系”，似乎并不足以让赖声川先生把他的戏剧“搬回”到老家会昌。所以，这事儿还得讲到第二个原因。

第二个原因，就是会昌的县领导了。会昌新一届的县领导们在几年前就思考一个问题：抓什么工作，才能真正让全县的干部和群众们都统一起思想和理念？让干部们学习党的十八大会议精神，那是一定要的。但光是学习这个好像还是不够，有没有一些更为具体的、对会昌有针对性的举措呢？

会昌的县领导在跟我们座谈的时候分享了他们当时的“认知历程”。会昌县城附近有一座赖公庙，规模不小，信众很广。每年的七月初六是赖公的生日，会昌市民都要举办赖公庙会。庙会连办四天，从七月初五到初八。期间是万人空巷，不只县城及其附近的民众来参加，连会昌各乡镇甚至邻近几个县的老百姓也赶来朝拜。

看见那熙熙攘攘、摩肩接踵的人群，会昌县的领导们就想，看来这个庙会是会昌的广大老百姓们都认同的一件事，不妨从这件事开始做起。

第一年，县政府组织干部们去了解庙会期间，群众有哪些事情需要县政府支持和配合的，能帮的尽量帮。群众们提的都是一些小事，但是可别小看了这些小事，这表明了一种政府态度的转变。在此之前，赖公庙会都是被政府部门归入或者默认为是“封建迷信活动”的，虽然未加禁止，但总归是把它当作一件消极的、不太光彩的事来看待。公安部门更是对每年都不得不派出大批警察来维持秩序而连发埋怨。现在好了，政府不但不反对，还公开表示支持，并且主动配合，提供服务，这让群众们拍手称快。

第二年，县政府又让规划设计的主管部门对赖公庙周围的场地进行了整理，扩大了外围空间，使得民众们开展庙会活动更为方便。此举进一步获得了老百姓们的称赞。

这两步棋走完，县领导们又开始思考，作为共产党员，也不能只做宗教活动的事啊，这里头有什么事是适合共产党员做的呢？文化的问题，还得从文化下手，这是会昌县领导们的基本思考逻辑。这时候，有人提供了线索，说正在乌镇搞戏剧节的台湾导演赖声川先生，老家是咱们会昌的，或许可以去找找赖先生，在会昌也搞一个戏剧节。于是，趁着乌镇某一年在办戏剧节，会昌的县领导派代表专程去到乌镇，拜访了赖声川先生。

会昌县领导的诚意还真的打动了赖导演。赖导演找时间回了趟老家，拜谒了位于会昌县城内、保存还好的赖氏祠堂。他在祠堂里盘桓良久，心生感慨，然后下定决心要做这么一件事——连续十年，每年带一部作品回老家公演。

（二）会昌县的赖声川戏剧

为什么不是办一个戏剧节，而是连续十年，每年一部戏呢？我自己的分析是赖导觉得直接在会昌办专业化的戏剧节，还不具备条件，所以他愿意拿出十年的时间，来做一次有耐心的尝试。在当今社会，戏剧算是个高级的文艺活动，在北京、上海这样的大都市里演出戏剧，是有观众的，而且是愿意掏钱买价格不低的门票的观众。但是放到中小城市和县城，这样的观众就很难保证了，这一定需要一个比较长时间的市场培育过程。

于是，从 2015 年开始，赖声川的戏剧就开始在会昌县城的影剧院里演出。第一年是《十三角关系》；第二年是《暗恋桃花源》；第三年是《爱朦胧，人朦胧》；第四年，也就是今年，我被杨维桢老师邀请去会昌看的是《千禧夜，我们说相声》（图 4-5-2）。演出日期，就定在赖公庙会期间的三天。而会昌县政府，也把这几天确定为每年会昌县的民俗文化节，除了赖公庙会和赖声川戏剧之外，也举办一系列的与非遗民俗和文化旅游相关的活动。

既然说到赖声川的戏，那就似乎有必要讲一讲我的观后感。《千禧夜，我们说相声》原本是在 2000 年排的一部“相声剧”。为什么叫相声剧呢？这是赖声川的一大创造，1985 年，他为了拯救在台北业已消亡的相声，尝试着把戏剧结构和戏剧元素加入到相声里头，编排了一部名为《那一夜，我们说相声》的话剧。因为里面嵌套了多段相声，又是按话剧来铺设情节，所以就叫“相声剧”。此剧一出，全台震动，不但创下当年的演出记录，连正版的录音带都卖出了100万套——要知道，台湾地区的人口不过是2300万。

图4-5-2 赖声川戏剧的海报

赖导的相声剧，一共排了七部，《千禧夜，我们说相声》是其中一部。这部剧全长是将近三个小时，分上、下半场，上半场的故事背景是在1900年的北京，下半场的故事背景是在2000年的台北。今年初，上海的上剧场重新编排了这部戏，上半场还是基本保持原样，下半场则换到了2000年的上海，可以说是半部作品都给重写了。我看到的，就是上海上剧场的版本。

其实我自己也没想到，第一次看赖声川的戏剧，居然不是在北京或者上海这样的大都市，而是在会昌这个山区小县城（图4-5-3）。看完之后最大的感受，就是后悔之前没早点看、没多看赖导的戏。观看这么高水平的戏剧，是人生一大享受。我本人不是戏剧爱好者，也早已不是文艺青年，所以关于戏剧的讨论我们先暂且放下，还是回到会昌县的规划设计上。

会昌因为是个山区县城，还不具备办专业化戏剧节的条件。其实这里头还有另一个原因，那就是因为会昌县城的现代化程度已经很高，历史风貌不理想。如果会昌县城跟乌镇一样，是个风貌完整的古城镇，这事可以另当别论了。

（三）会昌县的文化复兴之路

会昌的老县城，也并不是消失殆尽，而是保留了一部分（图4-5-4）。会昌古县城位于三面临水的一个三角地带，其外形轮廓大致呈椭圆形，东面是湘水，北面和西面都是湘水和绵水交汇之后的汞江。县城内有十字街，从中心通往东、西、南、北四个城门，分别是东街、西街、南街和北街。东、西街以南的部分，已经全部现代化，基本上没有老房子了，以北的部分虽然也有现代化的楼房，但是还保留了相当多的历史建筑和传统建筑，包括半圈城墙、一座文庙和两座祠堂（其中有赖声川先生家的赖氏祠堂），以及为数不少的传统民居和店铺。建于20世纪50年代的老工商银行（营业部与宿舍楼，图4-5-5）也完整地保留下来了，另外还有两棵树龄三百多年、树冠如张开巨伞的大榕树，矗立在北街的两头，仿佛是一直守护在当地的两名大将军。以上这些历史元素加总起来，也可以说有较为可观的丰富度。

基于这样一个现状，还能不能把会昌县城“恢复”成一个古城或古镇呢？赖导觉得没把握，于是他把自己在上海工作的连襟，也就是杨维桢先生，给请到会昌来，让他帮着给“把把脉”。

杨老师把会昌这残存的半个老县城，里里外外地走了一遍又一遍，第一感觉是“不好做，难度相当大”，一是残破，二是已经有不少的现代楼房了。就在他苦思冥想之际，会昌县领导又请他看了一个由另外一家设计单位做的会昌老县城的规划方案。在这个方案里，老房子基本都被拆除，然后建几栋高层住宅，再配上一个购物中心。要是按这个方案，会昌老县城就算是要彻底消失了，这也将彻底断了请赖声川先生在会昌办戏剧节的设想。

还有没有可能补救？杨老师首先是凭借他多年在汤臣集团做设计攒下来的经验，大致算了一笔账。拆迁成本是多少？按当前房价能收入多少？他很快得出结论，按这家设计单位的方案做，将是入不敷出的，对县政府来说是个亏本的买卖。

房地产的路子走不通，还得回到文化这条路。杨老师继续苦思冥想。他观察到，在会昌老县城的东面，隔着汞江，有一座岚山。岚山上有一个岚山公园，是会昌县城的很多市民们天天都要散步、爬山的一个去处。有

图 4-5-3　在会昌县演出的话剧

图 4-5-4　会昌县西北街原貌鸟瞰

图 4-5-5　老工商银行

一天，杨老师也跟着市民们爬上了岚山公园。他从据说是当年毛主席写下《清平乐 · 会昌》的亭子上眺望着会昌县城，这时候他突然想到，如果把会昌老县城 1980 年之前的建筑全部保留，再从城外的老码头架一座浮桥，跨过汞江，连到岚山公园，那就等于是把老县城这个“文化公园”和岚山这个“森林公园”给打通了。这个组合所产生的作用，可就大多了。这不是简单的加法，而是乘法效应。再跟赖声川的戏剧以及戏剧节相结合，那就有可能成为会昌文化发展的一个强劲引擎！

想通这一点，杨维桢老师就有了信心。他把自己的想法告诉了县政府，县政府又召集各部门开了讨论会，决定按杨老师的思路来重新调整老县城的规划设计方案。

（四）总结体会

事情发展至此，我的感觉是会昌县正在谋划一盘大棋，一盘要花上十年的时间，用文化复兴事业来带动会昌全县社会经济发展的大棋。我本人非常高兴，能够成为这盘大棋的一个观察者。在这里，我有两点体会：

第一个体会，是关于会昌县领导从赖公庙会这件事，来着手统一全县干部群众的思想。这让我想到了 500 多年前王阳明在赖公庙里举行祈雨仪式。赖公本是当地的一个小神，赖公庙原本也只是一座小庙。据县志记载，赖公庙建于明朝成化年间的 1482 年；到明正德年十二年，也就是公元 1517 年，被朝廷派来江西南部平叛的王阳明，在一次圆满完成任务、班师回赣州城时，路过了会昌。他到赖公庙里举行了一次祈雨仪式，而天公也果然应验下了雨。赖公庙自此之后，名声大震，成为会昌县的第一神庙。我自己的猜测，这次王阳明祈雨事件，对于赖公庙来说是一件真正的大事。正是有了王阳明这位被称为“古今第一完人”的大儒的加持，一个地方小庙才骤然间有了地位的拔高。

说到这里，一个问题就来了。王阳明这位大儒难道真的相信，到一个地方小庙去求雨会灵验？儒家的理念，可是“敬鬼神而远之”的。我对此的理解是，王阳明此举与其说是求雨，倒不如说是一场获取地方百姓认同的“表演”——通过认可并且尊重一个地方神灵，从而拉近了与地方群众的关系，这对于他镇压作乱的土匪，那可能是有着极好的作用的。从这个角度看，会昌县领导的策略跟500年前王阳明的举措，有着异曲同工之妙。

第二个体会，是关于贫困县应该如何实现社会经济的发展。会昌作为一个国家级贫困县，花了这么大力气来搞文化事业，这看上去似乎是有问题的。既然贫困，就应该努力发展经济才对啊，搞什么戏剧？我对此的理解是这样的，贫困县之所以一直是贫困县，正是因为她们在发展经济上缺乏基础和条件，否则早就脱离贫困了。在这样的地方，直接想从经济发展上做文章往往是难度很大的，除非是赶上一些特殊的好机会，比如大企业进驻、新发现矿藏等。反而是在文化上另辟蹊径，或许能闯出一条适合于自己的道路。

旅游业是介于经济和文化之间的一个行业。在风景资源特别好的地方，做旅游有可能在短期之内就出成绩。在风景资源一般好的地方，纯做旅游也是有比较大的难度的，需要工作很耐心，方法很得当，而且还要结合其他强有力的支持因素，才可能做成。而当这种结合出现的时候，我们可能已经不再把她当作旅游业看待，而更倾向于把她看成一个强大的文化品牌。会昌县，就属于这么一个“风景资源一般好”的地方。她只有和一个强有力的支持因素相结合，旅游业才有希望。这个强有力的支持因素，目前看来应该就是赖声川的戏剧。

我在会昌影剧院里看《千禧夜，我们说相声》的时候，脑子里就不禁在想，假如会昌县所有幼儿园和小学的孩子们，都可以时不常地欣赏到这么高水平的戏剧，那对于他们的成长实在是太有好处了。经过这样一种人文气质熏陶和培养出来的人，岂止是属于会昌县这一个地方的，他们更是属于整个中华民族的。

六 新农人阿海

2018年9月21日

本文有个主人公，他叫阿海。阿海是广东梅县侨乡村的一个村民，一个有点特殊的村民。阿海的全名是潘海。潘姓是侨乡村的大姓。侨乡村，就是2018年4月乡村复兴论坛·梅县峰会的举办地。

阿海的父母在广州工作，但他们在侨乡村还有祖辈传下来的田地，所以经常回老家探亲。阿海本人是在侨乡村出生的，他的童年也是在侨乡村度过的，一直到12岁上完小学，才跟父母去广州生活，所以阿海对老家侨乡村是非常熟悉的，对农活也不陌生。

阿海出生于1976年，在同辈中他算是一个成功的生意人。他在珠三角地区的几个城市都有事业，主要是开商场和建儿童游乐场。游乐场的事业尤其成功。阿海说，他开过好些个游乐场，几乎都在一年之内收回了成本，成本回收最快的一个甚至只用了三个月。开商场的事业，前几年发展得不错，但是最近一两年比较艰难，按阿海本人的说法，“珠海的旗舰店光是去年一年就亏了两百万”。

财务状况是个敏感话题，除非自己人，没法做准确了解。不过，从阿海可以很淡定地说出“亏了两百万”这句话，我可以猜测他是有实力和底气的。儿童游乐场是近年来各个城市里疯狂出现的一个商业门类，这是普通人都能明显感知到的一个现象。从这一点来看，阿海的商业嗅觉是灵敏的，也有魄力和胆量，对看准了的事业就敢于下注。

阿海在城里的生意做得好好的，为什么回到侨乡村呢？他自己的说法是想早点退休，然后过上自己想过的生活。阿海是2008年举家迁回侨乡村的，那年他32岁，年纪轻轻就实现了他的“退休计划”。为什么回到侨乡村就是他“想过的生活”呢？阿海说，在老家上学那段时间，是他最快乐、最自由的时光，所以他梦想中的幸福生活就是回侨乡村。我问阿海，回到村里又干些什么呢？他回答说，就是玩。城里的生意有合伙人在打理，他时不常去看一看就行，他在侨乡村的主要生活就是四处逛，会朋友（包括村里的老朋友和从珠三角地区来探望他的朋友），日子很是逍遥。

这样的逍遥生活，过了几年。2017年，梅县区决定举办乡村复兴论坛·梅县峰会，侨乡村是两个会址之一。这个会议事件，对侨乡村是一次大的宣传和推动。为了配合会议，侨乡村也要进行一系列的规划设计项目，从整体上提高村容村貌，同时也打造出几个亮点工程。受此鼓舞，阿海也觉得自己应该做点什么事，既是用好一次难得的机会，也是为家乡发展贡献一点自己的力量。为此，他还报名参加了由北京隐居乡里举办的“火种计划”培训（这是由隐居乡里的创始人陈长春先生和笔者联合发起、由隐居乡里的COO黄天宇先生执行，专门用来培训乡村管家的项目，为期一个月，地点是在北京延庆的下虎叫村）。

阿海的想法是抓农业（图4-6-1～图4-6-4）。具体地说，是种水稻和花生。阿海说，侨乡村是一个传统村落，传统村落要是没有了农业，怎么能叫传统村落呢？他自己设计了一套侨乡村农业的种植和经营模式，并且践行了一年。这套模式大概的操作是这样的：

第一，阿海把自己家的田和几个亲戚家的田统合到一起，这些田合计约50亩，种两季水稻或者一季水稻加一季花生。

第二，各家作为口粮的稻谷自留，其余稻谷（脱壳成大米，大约有五万斤）和花生（晒干之后有几千斤）交给阿海，统一在网上销售；

第三，阿海在刚开始播种稻谷的时候，就已经在微信上给朋友们发了公告，欢迎预订；凭借阿海的人脉和声望，这些稻谷很快就被预订一空。

图 4-6-1　水稻（摄影：潘海）

图 4-6-2　柚子丰收（摄影：潘海）

图 4-6-3　水稻种植（摄影：潘海）

图 4-6-4　花生（摄影：潘海）

第四，在稻谷和花生生长的各个阶段，包括收割以及后续的脱壳、晾晒等环节，阿海都会发照片到微信上，让客户们可以了解和跟踪全过程，这会给客户们制造出一种参与感。

第五，稻谷的种植过程，阿海要求各家都尽可能少用化肥（之所以没法做到不用化肥，按阿海的说法，有的微量元素是土壤里没有的，只能通过外界提供），只在花期的时候打一次农药（阿海说，花期如果不打药，一旦有虫灾就会绝收，这个损失太大了）。

第六，稻谷和花生收获之后，阿海要求各家自然晾晒。稻谷晾晒干需要两天，花生晾晒干需要五天。自然晾晒是阿海向朋友们宣传侨乡村稻米和花生的一大卖点。阿海是开商场的，他知道商场里卖的大米大多是用机器烘干稻谷之后再脱壳。根据他的经验，机器烘干的大米营养不如自然晾晒干的好，因为烘干的高温会杀死胚芽。另外，商场里卖的这些烘干大米，有的还经过薰虫和添加香味的处理，有可能存在不安全的残留物。自然晾晒的稻谷有好处，但也有麻烦，那就是遇到下雨就要赶紧收，否则淋湿就会发霉，那就没法吃了（阿海说，有一天下了三回大雨，抢收抢得他都虚脱了）。

第七，阿海是根据客户下单，一次需要多少大米就拿出多少稻谷来脱壳。阿海也会建议客户一次只买 15 斤左右的大米，因为他卖出的大米没有经过薰虫处理，药物残留是没有的，但是保质期就没那么长了，要在一个月内吃完。

通过一年的试验，阿海觉得这个模式基本上是“玩”得转的。他卖的大米，平均价格大概是市场的两倍（因为是第一回卖，拿不准价格，所以尝试了若干个价位）。但是，这个模式如果要想扩大，就面临着规模的瓶颈。现在是十几家人的 50 亩田地和五万斤大米，再想扩大，他一个人就看管不过来了，没法保证为客户提供的大米都是尽可能少用化肥、少用农药和自然晾晒的（图 4-6-5）。

这个发展瓶颈问题，困扰了阿海有些时日了。这也是那天他到侨乡村自在楼来跟我聊天的一个原因，希望我能提供一点建议。我本人对农业是外行，所以并不能提出有价值的意见。从有限的经验和直觉上判断，我觉得现阶段要想扩大规模似乎是不合适的，只能在保住现有产量的前提下，将种植和加工的所有环节都实现近似于标准化的控制，然后做好宣传，讲好故事，同时实现逐年提高售价。

图 4-6-5　大米淘出的白色米浆（摄影：潘海）

五万斤的大米，如果售价能做到 20 元一斤，那就是 100 万元的产值。这并不是一个高的产值，但是只要品牌能建立，每年提价 10% ~ 15% 是应该能实现的。五年下来，产量不变，产值也能提高到 150 万 ~ 170 万元。这依然不是一个很高的产值，但是它的意义在于，在此过程中可以让全体村民都认识到，这个做法是可行的，它的商业模型是成立的，从而让村民们都愿意加入这个系统。而当村民们都加入之后，实现产量上的突破就不是一件困难的事了。

在这个过程中，阿海本人的形象代言和直接与客户沟通又是极为重要的。因为，只有他这样具有市民和村民双重身份的人，才是更好地连通两边的桥梁。粮食安全已经是一个全民关心的话题，市场需求毋庸置疑。但是粮食安全有个核心问题一直不好解决，那就是信任机制的建立。你说这个大米是健康的，甚至是有机的，别人怎么能相信你呢？贴个标志就能信？不可能啊。就算附上权威部门的化验结果，可能还是不相信，因为所谓的权威部门，也并不是不可以用钱收买的。花钱买一纸证明，可比艰苦钻研技术的难度小多了。

企业品牌的建立需要长时间积累，比较漫长，因为要它要解决的是陌生人之间的信任问题。即使建立了，也容易被“山寨”者来搅乱市场，而防止山寨又是一件成本非常高的事情。相对来说，人格化的品牌，建立起来难度就要小多了，因为人们对认识的熟人还是比较愿意相信的，而创立品牌的个人，对于自家信誉的维护也有直接的责任和积极性。微信朋友圈也为这个机制搭设了平台，它可以去掉中间环节，让生产者和消费者之间直接进行点对点的联系和全过程的互动。人格化的品牌，点对点的直销，加上全过程的信息共享所带来的参与感，是获取顾客信任的绝好途径，也是阿海在去年可以迅速把五万斤大米卖掉的原因。但是人格化的品牌，就不得不接受产量难以在短期内快速提高的现实。

以上是我对侨乡村新农人阿海的记录，以及一些浅薄的思考。我相信，一定会有真正的行家，能为阿海的侨乡村事业提出更多、更好的建议。

七　奇村长和明月村：理想不远，就在脚下

2018年9月28日

本文主人公是四川省蒲江县明月村的奇村长。奇村长本名叫陈奇，是一个乡建界的奇女子。她和她的团队(图4-7-1)这几年在明月村所做的事业，可以说是为纷繁复杂的乡村领域吹来了一股清风。

奇村长是2014年底开始进驻明月村的，到现在还不满四年。在不到四年的时间里，就让明月村成为一个具有标杆性质的案例村，确实很不容易。奇村长和明月村，是怎么做到的呢?

中秋节的前夕，奇村长邀请我去明月村的明月讲堂，做一个小讲座。我欣然答应，因为可以趁此机会，对明月村有一个实地的观察和了解，这也许能解答我心中的疑问。

图4-7-1　奇村长和她的团队（摄影：李耀）

（一）明月村乡村研究社的“铁三角”

从成都双流机场到明月村，车程有一个多小时。奇村长和耀哥，亲自开车来双流机场接我和江义。接上头，先是一番互相介绍，然后发现我们这四个人的组合还真有点奇妙。

我这边，我和江义是大学同学。江义姓覃，这个姓不常见，但在广西壮族自治区是壮族人的大姓。我们两个，一个是广东考生，一个是广西考生，进了清华连学号都是挨着的，还成为同宿舍的上下铺兄弟。

毕业之后，江义和我走上了各自的道路。我长期在学校。他先是在北京工作了几年，后来出国，在挪威的奥斯陆和英国的牛津各待了好些年。正当同学们都以为江义同学将在国外待上一辈子的时候，他却在去年举家搬回了北京。这一去一回，青年就变成了中年。

江义回国之后，决定加入我们传统村落研究所的团队。这个时间点，正好是我们大学毕业整20周年。说老实话，我本人对他的这个决定也是感到意外的，因为乡村领域这些年虽然看着热闹，但市场的容量其实不大。大多数从事乡村规划和设计的人，都需要靠其他项目来反哺才能维持生计。我们村落所稍微好一些，也只能做到勉强平衡，能“养活”一个小团队。但是江义说，这几年在国外，整天看我在微信朋友圈晒中国各地的乡村，觉得我们做的事很有意思，就想回来一起做。他就是这么一个简单的人。

奇村长那边，耀哥的全名叫李耀，是个摄影家。更重要的，他是奇村长的高中同学。大学同学能在职业上走到一起，概率还是要高一些的，因为毕竟学的是一个专业。中学同学能在工作上走到一起，就比较难得了。奇村长和耀哥，高中毕业后将近20年没联系。直到两年前，耀哥才听说自己家乡的县里——也就是蒲江县——出了个明月村，而且明月村的“操盘手”居然是自己的高中同学，这才找机会和老同学重新搭上线。

耀哥现在的身份是摄影家，但其实他大学学的是财务专业，大学毕业后也曾经多年从事财务工作，摄影原本是他在大学期间发展起来的小爱好。财务这个专业，可能真的不适合生性喜欢自由的耀哥，所以他在摄影这个业余爱好上投入的时间越来越多，以至于成为了小有名气的摄影家。到后来，他干脆放弃了财务专业，开始尝试其他工作。他管理过一家国际青年旅社，还当过电影史的授课老师。

两年前在明月村见了老同学之后，耀哥也喜欢上了明月村，更喜欢上了奇村长的工作和生活状态，于是开始把自己的摄影专长用在了明月村。他经常从蒲江开车到村里，用相机记录村民们的生活和工作。等积累了一批好照片之后，就在村里举办了摄影展。看着身边一些熟悉的人，变成了挂在墙上的巨幅照片，而且是以平常生活和工作着的状态定格在某一个瞬间，这种感觉很奇特，也很有趣。通过这个方式，耀哥也找到了融入明月村的途径。从 2017 年夏天开始，他就把大部分时间都贡献给了明月村。除了继续拍村民之外，还负责做杂志、办展览等事项，忙得不亦乐乎。2018 年春天，明月村在网上举办了声势浩大的卖雷竹笋活动（图 4-7-2），耀哥的摄影作品再次发挥了大作用。

说到奇村长的高中同学，我们还得说一说另一位——刘梓庆，人称庆哥，也是奇村长的高中同学。庆哥应该打小就是个才华外露、受人关注的帅哥，奇村长就毫不掩饰地说上高中的时候就非常欣赏他。庆哥高中毕业，考入了四川音乐学院的影视表演系。大学毕业，他在成都摸爬滚打多年，有自己的公司，还成为当地著名的婚礼主持人。我第一次见到庆哥，是在 2018 年 1 月安徽巢湖三瓜公社召开的一次会议的晚宴上，只见一个很专业的主持人在台上，既张罗串场，又表演节目。正好坐在我身边的奇村长就跟我介绍说，这是来自明月村的刘梓庆。我当时就感到纳闷，一个村子怎么会留得住这么专业的主持人?

和耀哥一样，庆哥也是从媒体上知道明月村的，不过时间上要晚了大概一年。庆哥对老同学的这项事业也产生了好奇，2017 年 7 月，他带着两

图 4-7-2 卖雷竹笋活动（摄影：李耀）

个还在上幼儿园的女儿来到了明月村。这一趟，可以说是“一看明月误终身”。庆哥第一次来明月村，就爱上了这个地方。更让他觉得惊诧的，是两个小女儿也爱上了明月村。用庆哥自己的话说：“在城里不管用什么办法，都不能让她们唱歌，但是到了明月村的‘搞事情小酒馆’，她们两个居然自己主动要求上台唱歌跳舞，也不知道从哪里来的动力。”打那之后，作为一名自由职业者的庆哥，几乎每周都会到明月村来，有时候会带上女儿，有时候是自己来。“就是喜欢在这里待着，并没有明确的目的。”

然后庆哥就萌生了进村的想法。但是能干什么呢？奇村长说，她最初给这位老同学安排的任务，是运送垃圾。明月村从2017年开始推行垃圾分类，分拣好的固态垃圾（按孙君老师的说法，这应该叫资源），需要送到成都市的集中转运站。之前经常是奇村长趁每次出差的时候，开车进城顺路送一次。有一段时间，这个任务就交给了庆哥，而庆哥也干得乐此不疲。

2017 年的中秋节，明月村要举办第二届中秋晚会。庆哥这个专业的主持人，可算是找到了发挥大作用的地方。前年的第一次中秋晚会，组织和串场这些工作都是奇村长自己处理的。虽然也能应付得下来，但是一不够专业，做起来难免有点左支右绌；第二，更重要的是没那么多时间，因为村里还有很多其他事情，都需要她去处理。现在来了一个专业选手，不但把奇村长“解放”出来了，还把整台晚会的质量给提高了一大截。此后但凡是组织活动类的事情，奇村长都交给了庆哥去打理。

总之，自打耀哥和庆哥这两个高中同学加入明月村之后，奇村长就有了左膀右臂。耀哥管静态的视觉和文字，庆哥管动态的活动和宣传。他们仨成了明月村乡村研究社的“铁三角”。

（二）明月村的奇村长

从机场出发之后，我开始问奇村长一个我最关心的问题：她当初是怎么决定来到明月村，当上一个全职“村长”的？

奇村长说，她对乡村的喜爱，可能从小就播下了种子。小时候，她家是在蒲江县城开客栈的，但每年都会去一个乡下的亲戚家住上个把月。那是她感觉最快乐的时光。而家里开客栈这件事，也让她很早就开始有跟不同人打交道的经历，因为每个周末都要帮着做服务。奇村长上大学，学的是中文——她说这话的时候，我立刻想到了罗胖（罗振宇，《罗辑思维》主讲人）前段时间的一个观点，说现在的家长们如果不知道给小孩选什么专业好，那就选中文，因为中文在现代社会的应用实在是太基础了，而大学四年的中文，就相当于童子功，这个底子打好了，将来做什么都不怕。

大学专业学中文这事，对于奇村长在明月村开展工作，可能真的很重要。一方面，从实用的角度讲，乡村的工作尤其是在起步阶段的工作，涉及大量的文字。它们既包括公文类的各种申报文件——这是体制内的文字，也包括宣传推广类的文章——这是体制外的文字。体制内和体制外这两种文字，逻辑和性格都是完全不一样的。如果不是中文系毕业——也就是罗胖说的童子功，很少人能同时把这两种文字都应付好。就算能，也需要经过一段比较长时间的职业训练。中文系毕业的，那就是在年轻的时候就已经“安装”过这项本领了，遇到事情可以上手就做，操作成本大大降低。

另一方面，从非实用的角度讲，文学是艺术的基础。明月村的定位，开始是“国际陶艺村”，后来是艺术家群落。不管是哪种，艺术是明月村主攻的方向，所以艺术家就是明月村最重要的资源。艺术家一般都是个性十足的，怎么把艺术家吸引进村？怎么把进村的艺术家照顾好？行政体制内的官员，恐怕是很难把这件事做好的。艺术家自己也不行。而有文艺功底的奇村长，做起这件事来就显得驾轻就熟。跟奇村长打过交道的人，包括艺术家和非艺术家，都会感觉到她超强的亲和力。这跟她的性格有关，也应该跟她的文艺功底有关。

奇村长本科毕业后，先是在一所高中教了三年书，后来考上四川大学的研究生，专业也从中文改成了文化产业。这个专业就比较时髦了，而她也确实赶上了一个好时代，一个成都文化旅游蓬勃发展的好时代。研究生毕业之后，奇村长进入成都文旅集团公司工作，就是打造宽窄巷子的那个公司。听奇村长说到宽窄巷子，我也禁不住笑了，因为我也是宽窄巷子的参与者，参与了早期的调研、测绘和设计。

这么捋一遍奇村长的人生经历，就大概可以知道她为什么能在明月村发挥出这么大的作用了。少年时在乡村的间断生活和帮着家里开客栈的经历，算是种下了乡村的基因和练就了跟人打交道的本领。大学时学了中文，文艺青年的身份也就被定格了，同时乡村事业的早期最需要的应付各种文体的文字功夫，也不在话下。而在成都文旅的经历和经验，对于乡村事业的整体架构和策划推广，那也是太重要了。

奇村长是2014年底进驻明月村的。在那之前，她也曾因为参加“3+2读书荟”的读书活动到过明月村，参观过修复后的明月窑，并且留下了良好的印象。2014年的秋天，蒲江县政协的徐主席找到奇村长，说之前做明月窑项目的一位女士，因为出家，没法在明月村继续投入主要时间了，希望她能来当顾问，给明月村的未来发展出主意。

一方面，是家乡领导的信任，不便辜负；另一方面，奇村长也一直对明月村念念不忘，于是她辞掉了成都一家地产公司商业总监的工作，受命担任“明月村项目推进工作组组长”一职。上任之后，她首先是为明月村制订了一份完整的工作方案，提交给了蒲江县政府。按照这份方案，明月村将在“国际陶艺村”的基础上，用 3 ～ 5 年时间，引入 40 个左右的文创项目。

县政府同意了这份策划文案，同时提出，第一年也就是 2015 年的任务，引入两个文创项目。2015 年 1 月，当年的任务就完成了。两个项目，一个是知名媒体人、作家宁远的“远远的阳光房草木染工房”，一个是工艺美术大师李清的陶艺工作室。染房是让人体验传统草木染工艺的，陶艺工作室是李清老师的蜀山窑工作室（李清老师平时就住这里，每周末有课程，教村民和游客们做陶艺，村民免费，游客要交体验费用）。

有项目进场，奇村长的能力就有了发挥的地方。实际上，我们在网上最早看到关于明月村的一系列文章，大概就是在 2015 年的年中。当时的主角就是两个人，宁远和陈奇（李清大师的工作室虽然已经确定要进驻，但是还需要一段筹备的时间）。有了这两个项目做前导，其他的文创项目也在陆续接洽和引入。

在明月村，奇村长的文艺才华、联络能力和策划能力，也可以说是得到了集中的展现，甚至是绽放。奇村长似乎有一种特殊的本领，可以根据谈话对象，轻松地切换频道。她可以跟官员正经地谈项目，可以跟村民随意地拉家常，也可以跟专家虚心地请教专业，还可以在艺术沙龙里大大方方地上台朗诵自己写的诗歌。有这种本事的人，可遇而不可求。

（三）明月讲堂

奇村长给我安排的讲座时间是在晚上 7：00。我们一行四人，从双流机场出发到达明月村的明月讲堂时，已经是 7：02。来不及吃晚饭，先完成讲座的任务再说。明月讲堂，同时也是一个图书馆，是一个挺有设计感的新乡土建筑。一个建筑挂了两个牌子——明月讲堂和明月书馆。

明月讲堂已经办了 34 期了，平均每个月一期。我是第 35 号演讲人。当晚来听讲座的人，有蒲江县、甘溪镇和明月村的干部，有明月村乡村研究社的工作人员（这个乡村研究社，就是奇村长的长期工作团队了，现在有五六个工作人员），也有一些村民。场地不大，也不需要太多听众，但是氛围很好，特别适合做交流活动。

一个村里办的讲座，能坚持办到几十期。这是很不容易的，因为每一期都要不厌其烦地通知、联络、筹备，这都是相当繁琐的事项。头几期可能凭着一腔热情，就做起来了，但是往后就特别考验主办者的诚心和耐力。这件事也说明，这个讲座系列是有效果的，要不然不可能坚持到现在。

明月村的人口有 2200 多人。这么一算就大概可以判断，明月村户籍上的村民，大多数是没来参加这个讲座的。受众如此之少，这个讲座的有效性又体现在哪里呢？

宣传作用是第一个直接的体现。明月讲堂请来的演讲者，要么是驻村的艺术家，要么是国内乡建领域的知名人士。每期讲座都会在网上发布预告，久而久之，这就成为了明月村的一个文化名片。明月村也借此向社会公众发布了一个持续追求文化和公益的信号。

第二个体现是黏合作用。这个黏合作用，可能主要是体现在新村民内部的。明月村的新村民，包括驻村艺术家和明月村乡村研究社，同时也应该包括直接参与明月村各项工作的县镇级干部。这是一个小团体。在小团体的内部，非正式的日常交流是必需的，但是正式的交流活动也很重要。让每一个新村民都认真地准备一次讲座，经过这么一个仪式，新村民对自己在明月村的身份认同，得到了相当程度的强化。

第三个体现是价值观的整合。这依然是体现在上述小团体内部的。我们必须认识到，这个小团体虽然小，但是在目前阶段，她对明月村的未来发展起到了关键作用。每一次讲座，都带来了一些新思想、新方法，团体内部也根据这些新思想、新方法做一些调整，最终使得成员们的价值观趋向一致。做成一项事业，角色要分工，能力要多元，但是价值观一定要统一，否则只会是一通打乱仗，即使成功了也只是暂时的偶然，难以长久。我个人的感觉，明月村的这几十次讲座，同时也应该是新村民们在整合价值观的过程。

第四个体现是乡建大咖们的助推。这主要体现在来做讲座的知名乡建人士身上。所有来过明月讲堂的专家，都不会因为来听课的人不多而感到不满，相反，他们中的很多人都会被明月村人质朴、平和与开放的精神面貌所打动，从而自发成为明月村的“推销员”，在自己的朋友圈里推荐明月村。这方面的作用，往往是难以估量的。其中一个突出的例子，是悉地国际的董事长、水立方的总设计师赵晓钧先生。

2015 年 11 月，赵晓钧先生在一位朋友的强力推荐下，第一次来到明月村。按奇村长的描述，“他在村里只看了三个小时，连一个县领导都没见过，就拍板决定，要在这里投资建设一个乡村酒店”。奇村长对赵晓钧先生的这个决定，也觉得半信半疑，所以当时都没敢把这个信息往县政府报。赵晓钧先生回到上海的一个星期之后，就把合同发了过来。奇村长这才相信，这位赵总是当真了。

赵晓钧先生我并不熟悉，但是在会议场合听过他的演讲，也从网上了解到他的“乡建五行”理论。按我自己的分析，赵晓钧先生之所以迅速拍板，决定进驻明月村，大概有那么几个原因。

第一个原因当然是有实力。在村里投资建一个酒店，要做好在比较长的一段时间才能收回成本，甚至收不回成本的打算。一般人是没这个胆量的，因为输不起。但是有实力的人就不一样，输得起才敢于尝试新事物。

第二个原因是项目场地合适。赵晓钧先生看中的这块场地，面积够大，又相对独立，周围有良好的农田景观，确实适合做一个乡村酒店。

第三个原因可能更重要，那就是赵晓钧先生自己就是个对乡村有情怀的艺术家。他不光是目前国内最大的民营设计企业的老总，还是一个擅长现代国画的画家。赵晓钧先生创作的“阿呆系列”,在文创界也是颇有名气的。我作为一个受过一点艺术熏陶的外行，也觉得“阿呆系列”的作品有一股灵性，相当耐看。作为艺术家的赵晓钧先生，早些年就琢磨着如何在乡村领域有所作为了。他也在几个地方做了尝试，但是好像一直没有找到特别合适、能做出好效果的机会。奇村长的亲和力和明月村的气场，应该是一下子就让他找到了感觉，所以他毫不犹豫，立刻出手。

赵晓钧先生的乡村酒店，也是打了阿呆的旗号，叫呆住堂。明月村呆住堂酒店2018年2月开业。我到明月村的那天晚上，就是住在呆住堂(图4-7-3)。入口侧面的墙上，就挂着一幅赵晓钧先生的阿呆漫画。

赵晓钧先生不只是在明月村投资了酒店，还借着各种机会帮着宣传和推广。2016年厦门的第二届SMART乡创大会，就是在他的引荐下，明月村奇村长带领的工作团队有了一次华丽的亮相。也是在他的推荐下，奇村长进入了中央人民广播电台，把明月村的声音传递给了全国人民。

（四）明月村的活动

明月讲堂的作用确实不小，但是它的受众毕竟不包括大多数村民。对这大多数的村民，奇村长又是怎么考虑的呢？答案其实在前面已经交待了，那就是多策划和组织活动。奇村长在研究生阶段学的文化产业和她在成都文旅的工作经验，在明月村的这项工作上发挥了大作用。

比如中秋晚会。明月村的中秋晚会，如今已经是远近知名的一张名片。奇村长说，2016年她策划办明月村的第一次中秋晚会，目的是想让新村民和村民之间有个加深了解的机会。当时的节目，大多数都是新村民们贡献的——反正这帮人都是艺术家，多才多艺，有的是拿出来就能演，有的是

图 4-7-3　呆住堂

稍加排练就是个节目。也有一些节目是由村民们提供的，比如几个小学生临时组合起来的合唱和朗诵，也有新村民为小朋友们排练的音乐小品。最后压轴的节目，是明月村学音乐专业的大四学生和专门从上海来村里过中秋的赵晓钧团队带来的合唱节目——《生活不止眼前的苟且，还有诗和远方的田野》。

就在奇村长筹划这次明月村中秋晚会的时候，成都电视台知道了这个消息。电视台觉得村里办中秋晚会是个新鲜事儿，搞个网上直播没准效果不错。于是双方一拍即合，开开心心地筹备起来。

在明月村第一年办的中秋晚会上，新老村民同台演出，其乐融融，网上直播也大获成功。收视率很好，大大振奋了新老村民们的信心。来现场观看的村民也有两千人，几乎是全村出动。奇村长和项目工作组在本地村民心中的地位，也许就是借着这次晚会，给确立起来的。

中秋晚会还产生了延伸效应。因为要在第二年的中秋晚会上有更好的表现，村里成立了专门的儿童合唱团，由成都市文化馆、蒲江县文化馆的音乐老师每周末来给孩子们训练。村里的妇女们成立了“明月之花歌舞团”，在农闲时认真排练；诗歌朗诵的活动，本来就是明月村的长项，现在又借着央视“朗读者”的热播，搞得越发热烈，还出版了《明月诗集》——里面不但收集了新村民艺术家们的诗歌，还有本地村民自发创作的诗歌。

奇村长说，到2018年的第三届中秋晚会（图4-7-4），表演节目就是以本地村民的为主了，新村民成了辅助角色。连其他乡镇的人都争着来上台表演。西南交通大学建筑与设计学院的的橙合唱团，连续三年自己备车，赶来表演，而且是早早就报了名。

2018年春天的卖雷竹笋，也是奇村长和乡村研究社策划，联合了镇政府、村委会、旅游合作社共同执行的一次大活动。明月村有六千亩雷竹，是本地村民最大的农业产业。春笋的产量巨大，但是保鲜时间不长，所以往年的卖价都不高，还一度受到其他经济作物的冲击，一些竹林被砍了，

图 4-7-4　明月村中秋诗歌音乐会（摄影：李耀）

种上了其他的农作物。今年的卖笋活动，是找了国内最大的众筹平台开始吧来合作的，制订了专门的营销方案，还找来几十位乡建界和文艺界的知名人士联合做代言。声势很浩大，提高了雷竹笋的销量和价格，扩宽了销售渠道，同时也让雷竹笋成为了明月村的一张名片。顺势举办的明月村春笋节，也在很大程度上提高了明月村的客流量。

（五）明月村的文艺范儿

讲座结束，已经是晚上 8：30。奇村长要带我们去一家农家乐吃晚饭。从书馆到农家乐，居然还要开车去，因为走路有点远。这个时候，我才想起来，四川的农村是“不成村”的，也就是不像中国其他地方的农村，形成聚落。四川的农村，房屋都是分散的，互相之间保持有相当的距离。这么一种空间和建筑布局，恰好是特别适合艺术家们入驻的。因为，艺术家在创作的时候，必须进入到一种完全独立的、不受外界干扰的专注状态；但是在创作之外，他们又希望跟社会保持有必要的联系——毕竟，人是社会的动物，完全的离群索居让人无法忍受。

从书馆到停车场有两百米的路程，要步行过去。奇村长跟我们说，天太黑，请打开手机的手电功能，明月村的路灯很少，这一段路就没有安装路灯。为什么不装路灯呢？明月村是个明星村，政府应该不缺钱啊。奇村长说：因为明月村就是要让人看见明月！

这句话有如当头棒喝，把我给点醒了。是啊，明月村，怎么能没有明月呢？路灯这种俗物，怎么能跟明月抢夺光辉呢？而明月这两个字，可不正是明月村的“文眼”吗？如古诗词所言：

“床前明月光，疑是地上霜；

举头望明月，低头思故乡。

明月松间照，清泉石上流。

海上生明月，天涯共此时。

明月几时有，把酒问青天。

春风又绿江南岸，明月何时照我还。

春花秋月何时了？往事知多少。”

……

明月，自古以来就是个文艺感十足的词汇。明月村，走上文艺村这条路就对了！明月讲堂所起到的统一价值观的作用。这个价值观，可不就是指的“明月”这两个字么？每一个进驻明月村的艺术家，和奇村长在明月村所做的每一件事，无一不是符合了明月这个文化主题。它们简单而丰富，它们清澈而深邃，它们既个性独特又平和亲近。

可以说，正是在明月的指引下，明月村人开创了一种属于明月村自己的、新的生活方式。

我离开明月村的时间，正好是周六的午后。我们吃完午饭，到明月书馆一边聊天，一边等司机。这个时候，书馆里已经有几个小朋友在看书了，还陆续有其他小朋友进来。其中一个小女孩，还穿上了漂亮的羌族长裙。原来，当天下午是县城文化馆的音乐老师来给明月村儿童合唱团排练的时间。不到一会儿，将近 20 个小朋友到齐，音乐老师也来了。我坐在书馆里的书架下面，安安静静地观摩了半个小时合唱团的排练。书馆朝外的一面，是顶天立地的大玻璃墙面。午后的金色阳光，就透过这大玻璃墙面，洒在了小朋友们专注着的脸颊上，也洒在了音乐老师跳跃着的双手上（图 4-7-5）。

这一刻，仿佛时光都停止了。

图 4-7-5　明月村合唱团排练